歴史学の始まり

ヘロドトスとトゥキュディデス

桜井万里子

講談社学術文庫

目次

ギリシア全図（紀元前5〜前4世紀）

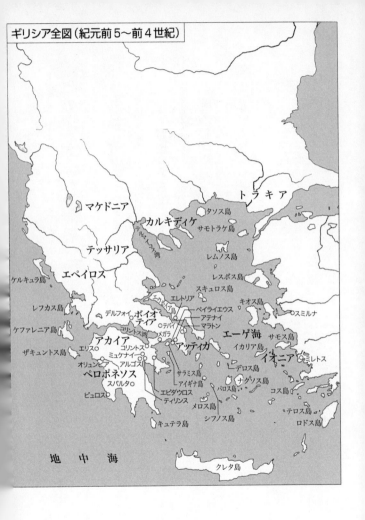

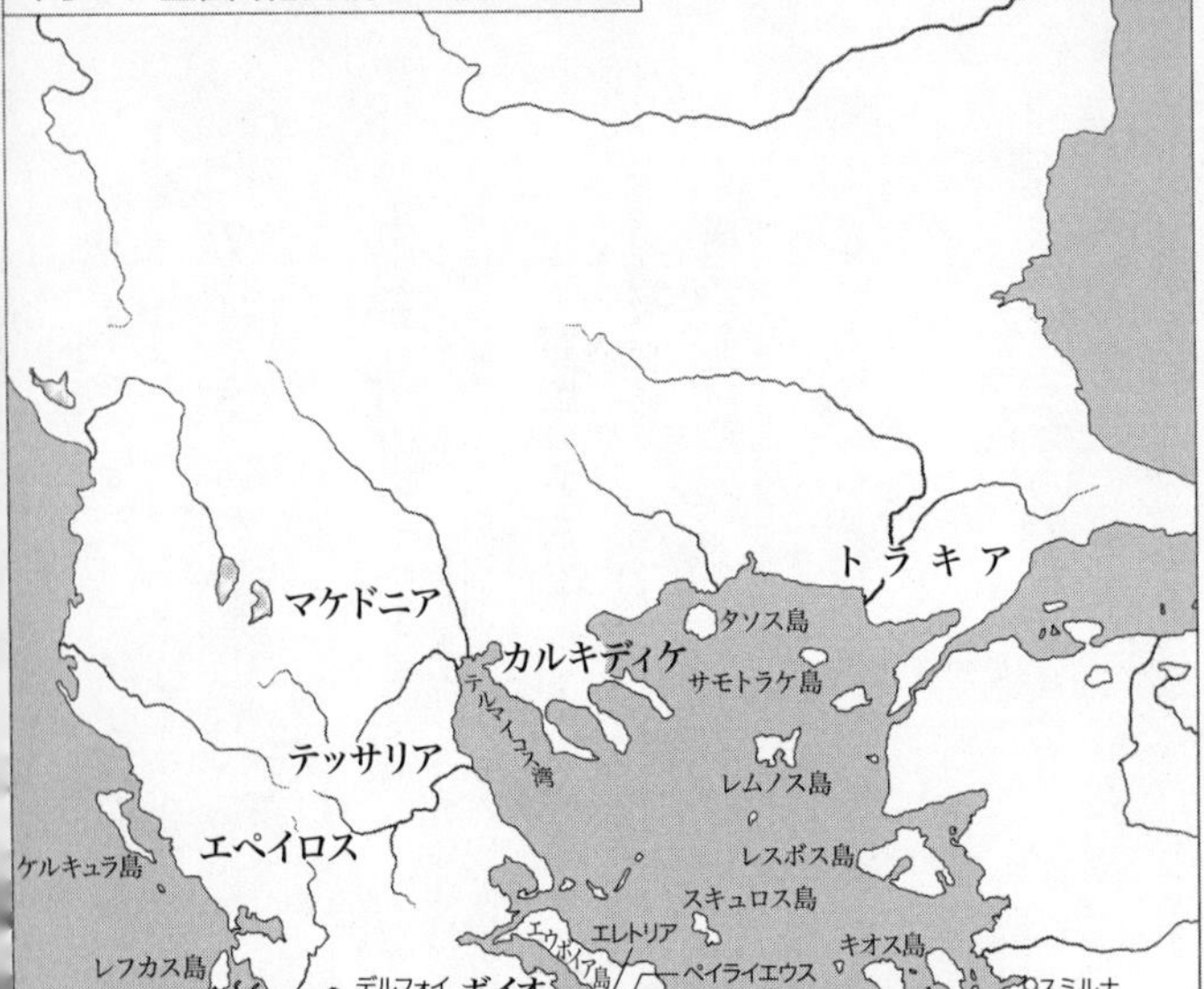

関連略年表（年次はすべて紀元前）

594/3	ソロンの改革
561/0	ペイシストラトスの僭主政アテナイに成立（7–6世紀に各地のポリスに僭主出現）
511/0	アテナイの僭主政倒壊
508/7	クレイステネスの改革
490	マラトンの戦い（第1回ペルシア戦争）
487	行政役人の選出に抽選制を導入
480–479	サラミスの海戦、プラタイアイの戦い（第2回ペルシア戦争）
479/8	デロス同盟結成
462	エフィアルテスの改革
454	同盟金庫をアテナイに移動
440代	陪審員に日当支給（間もなく役人にも）
447–432	パルテノン神殿建造工事
431–404	ペロポネソス戦争
404秋–403初夏	「三十人僭主」寡頭政成立とその後の内戦
403秋	民主政の回復
395–386	コリントス戦争
376	第2回海上同盟
359	マケドニア、フィリポス2世の即位
338	カイロネイアの戦い、コリントス条約（マケドニアのギリシア制覇）

＊古代ギリシア人が定住したバルカン半島南部には旧石器時代からヒトの居住が確認されているが、本書はヘロドトス、トゥキュディデスを中心主題とするので、アテナイを中心に、マケドニアによるギリシアの制覇にいたるまでの主要な出来事を記載した。

歴史学の始まり

ヘロドトスとトゥキュディデス

1　二人の歴史家と二つの戦争

ペルシア戦争とペロポネソス戦争

ヘロドトスとトゥキュディデス、この二人の名前をご存じの読者も多いに違いない。大半の高校世界史の教科書にも彼らの名前が出てくるのだから。さらに、教科書のなかには、この二人を古代ギリシアの歴史家であると説明しているものもある。間違いではない。だが、二人は歴史家だったといいきってしまうことに、少々のためらいを私は感じる。そのためらいを出発点にして、本書では彼らが歴史家となっていった経緯を考えていくが、同時に、行きがかり上当然ながら、歴史とは何かについても考えていくことになろう。

紀元前五世紀のギリシアに生きた二人の作品を今なお読むことができるのは、私たちにとって大きな幸いである。二人が著作活動をおこなったのは、年表をみれば一目瞭然《いちもくりょうぜん》、古代ギリシアの代表的なポリス、アテナイがもっとも隆盛を誇った時期と一致している。この時期、文化的にも多彩で創造的な作品、たとえば『アガメムノン』『オイディプス王』『メデイア』などの悲劇、『女の平和』などの喜劇、パルテノン神殿のような建築がこのアテナイを中心舞台として生産され、それらは今なお人類共通の財産でありつづけている。そして、本書の主人公であるヘロドトスとトゥキュディデスも、そのような作品を私たちに残してくれた。

この二人の生きた時代の直前、紀元前五世紀の初めに、ギリシアに激震が走る。アジアの大国ペルシアがギリシアを征服しようと前四九〇年と前四八〇年の二度にわたって遠征軍を派遣してきたのである。前四九〇年には、アテナイの国土アッティカの東部にあるマラトン平野でアテナイ軍とプラタイアイ軍がペルシア軍を撃破した。前四八〇年の危機にあたっては、ギリシアの一部の国々が協力してペルシア軍を撃退した。サラミスの海戦と翌年のプラタイアイの陸戦とでペルシア軍は最終的にギリシアから撤退し、ギリシアの自由は守られた。このいわゆるペルシア戦争を叙述したのがヘロドトスである。

二度のペルシア遠征軍を撃退したものの、二度あることは三度あるのでは、と恐れるのは古今東西変わらない人間心理か。また遠征軍が来るかもしれないと恐れたギリシアの国々は、万一のときに備えて同盟を結成し、そのリーダーとして、それまでペルシア軍撃退に功のあったアテナイを選んだのである。この同盟を現在の研究者たちはデロス同盟と呼んでいる。以後のアテナイはこのデロス同盟の盟主として隆盛の一途をたどり、他のほとんどの同盟参加諸国から貢租を取り立て、それらの国々の裁判をアテナイ国内で開くといった内政干渉もおこなって、支配権を強化していった。このため、同盟はアテナイ帝国と呼ぶべきほどの実態を呈するにいたる。

二つの史書の構成対照表

ヘロドトス『歴史』

1 ギリシア人とペルシア人の間の抗争の歴史
リュディアの消長
ペルシアの勃興
2 カンビュセス王のエジプト遠征
3 カンビュセスの失墜
ダレイオス王の即位と国内平定
4 対スキュティア遠征
スキュティアの歴史と風土
対リビア攻撃
5 対トラキア、マケドニア攻撃
イオニア人の反乱
イオニアとアテナイの同盟
イオニア人の敗北
6 ペルシア軍のギリシア本土侵攻
マラトンの戦い
7 ダレイオス王の死
クセルクセス王、ギリシア遠征へ
遠征軍の北ギリシア侵入
テルモピュライの戦い
8 アルテミシオンの海戦
ペルシア軍のアテナイ占領
サラミスの海戦
クセルクセス王の退却
9 プラタイアイの戦い
小アジアでの戦闘
イオニアの解放

トゥキュディデス『歴史』

1 ケルキュラとコリントスの紛争
アテナイ興隆史（「五〇年史」）
スパルタ、アテナイの外交交渉
2 431−428年春の戦争
ペリクレスの葬礼演説
アテナイの疫病
3 428−425年春の戦争
レスボス島諸市の離反
ケルキュラの内乱
4 425−422年春の戦争
ピュロス（ペロポネソス）、ボイオティア、トラキアでの戦闘
5 422−416年冬の戦争
平和交渉→ニキアスの和約（アルキダモス戦争の終わり　421年）
アテナイのメロス島攻略
6 416年冬−414年夏の戦争
アテナイのシケリア（シチリア）遠征（戦争再開）
アルキビアデスのスパルタへの亡命
7 414−413年秋の戦争
第2次シケリア遠征
ペロポネソス軍のデケレイア占領
シケリア遠征軍壊滅的敗北
8 413−411年秋の戦争
アテナイに400人の寡頭政権成立
4ヵ月で5000人体制に移行

前四七九年にギリシア本土から遠征軍を撤退させたペルシアは、予想に反して再度遠征軍を派遣することはなかったので、ペルシアの直接の脅威はなくなるが、それにもかかわらず、アテナイは同盟を解体するどころか、むしろ同盟に参加していた国々に対する支配を強め、ますます大国化していく。そのようなアテナイを脅威に感じたスパルタが、自国が中心になって組織していたペロポネソス同盟の他の国々とともに前四三一年にアテナイ陣営と激突し、二七年間にわたる戦争に突入する。これがいわゆるペロポネソス戦争である。前四〇四年、戦争はアテナイの敗北で終結した。このペロポネソス戦争を叙述したのがトゥキュディデスである。

ここで、ヘロドトスとトゥキュディデスの作品の全体像を把握するために、その構成をみておこう（表参照）。ヘロドトスの著作は全部で九巻からなる。エジプト、ペルシア、スキュティア、リビアの地誌、風俗習慣などが第一巻から第四巻まで叙述されていて、第五巻からの戦争の記述とはかなり趣きが異なる。他方のトゥキュディデスの作品は八巻からなる。未完のまま、おそらく彼の死によって前四一〇年の叙述で終わっているが、第一巻から第八巻まで年を追って夏と冬とに分けながら、詳細な戦争の展開が記述されている。なお、ヘロドトス、トゥキュディデスの作品のいずれもが、執筆当初は九巻あるいは八巻に分けられていたわけではない。ヘレニズム時代のアレクサンドリアの学者が校訂のときに分けたと推定されている。

亡命者だった二人

二人の歴史家の経歴はどうであったのだろうか。生没年はヘロドトスが前四八四年頃～前四二〇年代、トゥキュディデスが前四六〇年頃～前四〇〇年頃と推定されている。二人のあいだには約一世代の年齢差がある。ヘロドトスは小アジア南西のカリア地方、エーゲ海沿岸に位置するハリカルナッソス（現在のボドゥルム）で生まれ育った。前九〇〇年頃にペロポネソス半島東北のトロイゼン出身者によって建設されたハリカルナッソスは、したがってドーリス系のポリスだったことになるが、前五世紀にはその文化はイオニア系で、ヘロドトスもイオニア方言で執筆した。周辺のカリア人との通婚も盛んだったようで、市民にはカリア系の名前をもつ者も多く、ギリシア人とカリア人とが混住するポリスであった。

ヘロドトスは名門出身だったようだが、父の名リュクセスはカリア系の名であり、ヘロドトスの従兄弟《いとこ》または伯（叔）父には叙事詩人パニュアッシスがいたが、このパニュアッシスもカリア系の名であった。詩人が身内にいることは、彼の生まれ育った環境が知的、文化的であったことを物語っている。ヘロドトスもパニュアッシスも僭主《せんしゅ》リュグダミスの支配に反対する政争に加わった結果、パニュアッシスは僭主に殺害され、僭主追放に成功したヘロドトスは、同胞市民の妬《ねた》みを恐れ、祖国を離れて亡命生活にはいるという道をたどった。

故郷を離れたヘロドトスはサモスに亡命する。サモスは対岸の小アジアからわずか一・八

二歴史家の像（頭部）。ヘロドトス（左）とトゥキュディデス（右）を背中合せにした一体の肖像を各自の正面から撮った写真。ナポリ国立博物館所蔵。村川堅太郎によれば、「この肖像は無数の史家のうちでこの二人が卓絶した地位を認められていたことを物語っている」（「歴史叙述の誕生」73頁）。

キロメートル西に位置する島で、イオニア方言のギリシア人がこの島に定住を始めたのは、前十世紀頃らしい。前八世紀半ば頃に建立されたヘラ神殿は、ギリシア世界のなかでも最古の石造神殿の一つである。サモス島は肥沃《ひよく》な土地に恵まれて豊かで、同名のポリスは前六世紀に僭主ポリュクラテス（在位前五五〇頃〜前五二二）の支配下でおおいに繁栄した。その宮廷をイビュコスやアナクレオンのような詩人が訪れたが、一方でピタゴラスの定理で有名なピタゴラスは、僭主による独裁政を逃れて南イタリアに移住した。市内への水路が敷設された全長一キロメ

トラキア
アブデラ
ドリスコス
タソス
アイノス
キュジコス
アトス山
アビュドス
ヘレスポントス海峡
シゲイオン
レムノス島
トロイア
テルモピュライ
アイオリス
エーゲ海
レスボス島
エライア
リュディア
アルテミシオン
エウボイア島
フォカイア
サルデイス
カルキス
テバイ
エレトリア
キオス島
エリュトライ
ボイオティア
テオス
イオニア
マラトン
プラタイアイ
アテナイ
エフェソス
ペイライエウス
サモス島
ファレロン
アルゴリス
サラミス島
サモス
トロイゼン
ミレトス
イアソス
デロス島
パロス島
ナクソス島
ハリカルナッソス
コス島
メロス島
ロドス島
クレタ海

エーゲ海東部

ートル強のトンネルは、ヘロドトスがサモス人による大事業の一つとしてあげているが、これはメガラ人の職人エウパリノスが手がけたもので、今も一部ではあるが中を歩くことができる。

サモスにしばらく滞在したのち、ヘロドトスはペルシア、エジプトなど各地を旅してまわり、一時アテナイにも滞在した。彼は最盛期のアテナイでの生活を楽しんだに違いない。ヘロドトスは、前四四四年に南イタリアに建設された植民市トゥリオイに移住した。このトゥリオイは前五世紀の最盛期のアテナイを指導した政治家ペリクレスが、ギリシア各地に呼びかけて植民者を募って建設した植民市であった。ヘロドトスは、安住の地を求めてそこに赴いたのであろうか。彼はそこで亡くなったとも、ペロポネソス戦争勃発《ぼっぱつ》時にはアテナイに戻っていたともいわれている。

ヘロドトスがその著作を執筆した時期については残念ながら不明である。ただし、前四二五年に上演されたアリストファネス作『アカルナイの人々』五一五行以降に、戦争の原因は女の略奪だという科白《せりふ》があって、これはヘロドトスの作品冒頭部分のパロディーだった可能性があり、そうであれば、前四二五年までには彼の作品はアテナイの人々に知られるところとなっていたのかもしれない。

他方のトゥキュディデスは、名門出身のアテナイ市民で、父の名はオロロスといった。この名は、前四七〇年代と前四六〇年代のアテナイを指導した政治家キモンの母方の祖父だったトラキア王と同名であるので、トゥキュディデスがキモンと血縁関係があったことはほぼ間違いない。トゥキュディデスは、ペロポネソス戦争中に数度軍役を経験し、前四二四年にはエーゲ海北岸のアンフィポリスへの遠征を将軍として指揮した。しかし、この遠征では、スパルタの司令官ブラシダスからアンフィポリスを奪還することに失敗し、これが原因でトゥキュディデスは追放処分を受け、以後二〇年間、亡命生活を余儀なくされたことを、彼は自分の著作のなかで述べている（第五巻二六章）。

亡命中は、前四二一年からペロポネソス半島のアルゴスやコリントスを訪れ、そこに滞在し、さかんに情報収集をおこなったらしい。亡命者であることが著述には幸いであった、とトゥキュディデス自身が述べている（同）。ただし、彼はトラキア王の血を引き、トラキアのパンガイオン山に金、銀を産する鉱山の権益をもっていたことから、おもに経済的基盤のあるトラキア地方に滞在したのだろうと考えられている。

トゥキュディデスはアテナイが敗戦したあとの前四〇四年に帰国したが、それから間もない前四〇〇年頃に亡くなったらしい。これは、後述するように、彼の作品のなかの記述から推測されることだが、さらに、それ以降も存命であったとすれば、ペロポネソス戦争に関して前四〇四年をアテナイの決定的敗北とはせず、別様の評価をしたのではないか、という見解も出されている。たとえば、トゥキュディデスの未完の作品を書き継いだテオポンポス（一三六頁参照）は、前四〇四年でも前四〇一年でもなく、前三九四年まで完結を引き延ばしているからである。彼が、その死によって前四世紀のアテナイの状況を知りえなかったことを、それは示しているのかもしれない。ちなみに、同じくトゥキュディデスの作品を書き継いだアテナイの著作家クセノフォン（前四三〇頃〜前三五四頃）の場合は、トゥキュディデスに倣《なら》って、アイゴスポタモイの海戦が敗戦を決したという立場をとった。これについては、最終章をご覧いただきたい。なお、このクセノフォンは、歴史家としてテオポンポスよりもはるかに凡庸との評価が一般的である。

ところで、ヘロドトスとトゥキュディデスの生涯を簡単に追っただけでも、そこに共通点があることに気づかされる。二人はともに政治的な理由から祖国を離れざるをえなかった。ヘロドトスはおそらく自発的に、他方、トゥキュディデスは追放されてであるから、祖国を離れた経緯は異なるが、両者ともに亡命者であったことは二人の執筆姿勢に大きな影を落としたに違いない。幅広い情報収集ができる、という利点ももちろんあっただろう。

ヘロドトスとトゥキュディデスによる古代ギリシア語で書かれた作品は、幸いなことに日本語にも翻訳されていて、ヘロドトスの作品は『歴史』、トゥキュディデスの作品は『戦史』という書名で岩波文庫にも収められている。ただし、その書名のゆえに両者の作品が歴史であると最初から思い込んでしまうことには、「待った」をかけたい。なぜなら、二人が著述を始めた当時、世界には「歴史家」という言葉も「歴史」というジャンルもまだ存在していなかったのだから。そして、当時はまだ作品に書名を冠するという慣習もなかったからである。

歴史家のマニフェスト

このような問いを抱きながら、まずヘロドトス自身の言葉に耳を傾けてみよう。ヘロドトスの作品は次のような有名な一節から始まる。

これは、ハリカルナッソスの人ヘロドトスの調査・探究《ヒストリエー》であって、人間の諸々の功業が時とともに忘れ去られ、ギリシア人や異邦人（バルバロイ）が示した偉大で驚嘆すべき事柄の数々が、とくに彼らがいかなる原因から戦い合うことになったのかが、やがて世の人に語られなくなるのを恐れて、書き述べたものである。（第一巻序）

作品冒頭で、ヘロドトスは自分の名を名乗るとともに、著述の方法として「調査・探究」という意味のヒストリエーという語を用いている。これは歴史を意味する英語のヒストリーの語源となったギリシア語「ヒストリエー」の、わかっているかぎり最初の用例である。それは「調査・探究」という意味で用いられているので、現在の私たちが使う「歴史」という語がもつ意味内容とぴたりと一致する意味をまだ獲得してはいなかった。

なお、自分の名を名乗って著述を始めた例としては、ミレトス出身のヘカタイオスがい

ペルセポリス。ペルシア帝国の首都ペルセポリスのパノラマ写真。
建設はダレイオス大王の治下に始められた。
宮殿の高さ18メートルの円柱は往時の威容を偲ばせる。

る。彼は半神を祖先にもつ家柄について合理的に説明を試みたとみられる『系譜』を散文で著し、ヘロドトスの直接の先駆者とみなされているが、その作品はわずかの断片が残存するにすぎない。このヘカタイオスをヘロドトスは文筆家《ロゴポイエテス》と呼んでいる(第二巻一四三章)。

すでに述べたように、ヘロドトスは、自分が著述しているのが現在のわれわれが考えるような歴史であるなどとは、意識していなかったはずなのだ。彼は、ペルシア戦争を中心とするギリシア人とペルシア人の足跡が忘れ去られることを阻止するために、実際に調査・探究して、戦争の原因を叙述したと述べている。これはヘロドトスのマニフェストと受け止めてよい。叙述の対象を限定し、その原因を探るという姿勢

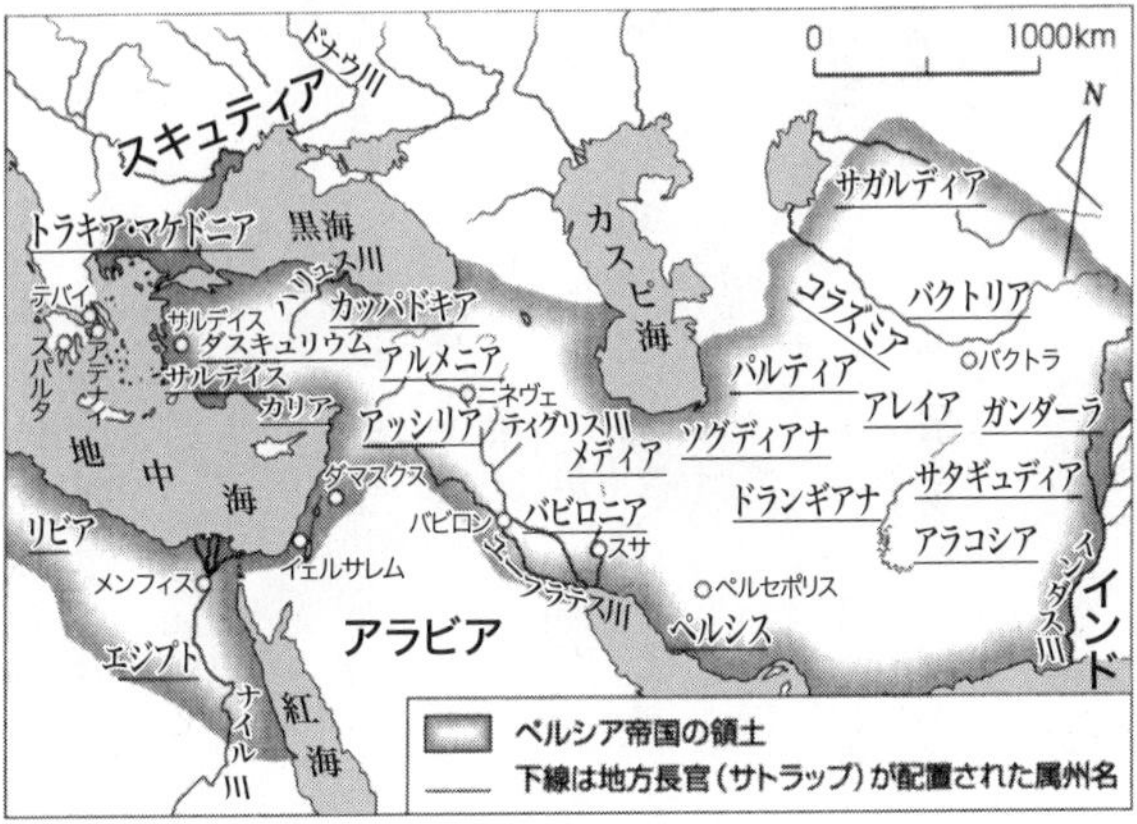

ペルシア帝国の版図

は、彼が意識したか否かにかかわらず、歴史学の基本と通じるところがある。E・H・カーも戦後歴史学の名著として評価の高い『歴史とは何か』（岩波新書）のなかで、「歴史の研究は原因の研究」と述べ、われらがヘロドトスを引合いに出しているほどである。

それでは、ヘロドトスに対して、トゥキュディデスはどのようにその書を始めているのだろうか。

アテナイ人トゥキュディデスは、ペロポネソス人とアテナイ人とが互いに争った戦争を書き記した。開戦の当初から、この戦乱が過去の事件のなかでも特筆に価する対戦になることを予測して、ただちに記述を始めたのである。両者ともに絶好調のなか、準備をつくして戦争に突入したことから判断し、また残余のギリシア世界もあるいはただちに、あるいは状況をうかがいながら、どちらか一方の陣営に加担するのを見て、そう予測した。(第一巻一章一)

トゥキュディデスもまず自分の名を名乗り、執筆の動機を、ペロポネソス戦争が前代未聞の規模の戦争となると予想したから、と述べている。ヘロドトスと同様に、トゥキュディデスもまた、作品冒頭で戦争を主題とする作品を著述しようと思い立ったと、自ら表明している。また、同じ巻の二三章にも、彼の叙述の姿勢をうかがわせる記述がある。

前四四六年にエウボイア島がアテナイからの離反を企てたため、ペリクレス率いるアテナイ軍が同島に遠征したが、その間隙をぬってペロポネソス軍がアッティカに侵入するという事件があった。これはアテナイとスパルタ陣営との三〇年間の休戦条約締結によって鎮静化した(前四四六/五年)。ペロポネソス戦争はこの休戦条約を破棄して起こったことになるが、トゥキュディデスは第一巻二三章で、のちの人々がペロポネソス戦争の原因を追究する必要のないようにまずこの休戦条約破棄の原因と経緯を記述する、と述べて因果関係の解明を第一の課題としている。先に引用したヘロドトスの著作と相通じる姿勢である。なお、三〇年間の休戦条約については、一二二頁も参照。

そもそも、戦争を著作の主題としたのは彼らが最初ではない。古典中の古典というべきホメロスの二大叙事詩、『イリアス』と『オデュッセイア』のテーマがトロイア戦争であったことはよく知られている。これら二大叙事詩成立の時期については、必ずしも研究者の意見が一致しているわけではないが、『イリアス』はギリシアにアルファベットが導入されてから間もない前七五〇年頃、『オデュッセイア』はその少しあと、というのが有力な説である。たしかに、戦争は、ヘロドトスとトゥキュディデスの時代にいたるまでにすでに三〇〇年以上も文学の主題の一つだったのである。

とくに、ヘロドトスの場合は、ペルシア戦争の原因について語り始めるその最初の部分に、「イリオス〔トロイア〕の攻略が原因で、ペルシア人のギリシア人に対する敵意が生じた」(第一巻五章)とある。『イリアス』で語られている物語は、ご存じ、スパルタの王妃ヘレネをトロイアの王の息子パリスが誘拐してトロイアに連れ去ったため、ヘレネの夫メネラオスの兄であるミュケナイ王アガメムノンが総大将となってギリシア各地から王族英雄を集め、小アジア北西のトロイア攻撃に出陣、一〇年かけて攻略に成功した、というものである。ヘロドトスが、ペルシア人のギリシア人に対する敵意と表現するのは、彼の時代には小アジア北西部はペルシア帝国の一部だったからである。このように、ヘロドトスの作品を読み始めれば、ホメロス以来の文学的伝統が色濃くその作品に影を落としている、という印象は否定できない。ヘロドトスもトゥキュディデスも、自分とほぼ同時代に起こった大戦争を記録しようと思い立ったときには、それが文学的伝統に沿った行為であるという前提のもとでの出発だったのだろう。

歴史か文学か

ここまで私はヘロドトスとトゥキュディデスを歴史家と呼んできたが、二人のいずれもが自分を歴史家であるとみなしてはいなかった、つまり、歴史家としてのアイデンティティをもっていなかったのである。なぜなら、繰り返すが、彼らの時代にはまだ歴史というジャンルは存在していなかったからである。ただし、先程彼ら自身が文学的伝統の延長上での執筆を考えていたと思われる、と述べたが、そうはいっても、両者ともに新しい一歩を踏み出そうという意気込みをもっていたことも間違いない。それがすでに引用した作品冒頭の文章からはっきりと伝わってくるではないか。ただその一歩が歴史というジャンルの創設への一歩であったと判明するのは、彼ら自身ではなく後代の人々の認識を待たなければならなかったのである。

ヘロドトスを「歴史の父」と呼んだのは、ローマ共和政期の文人キケロ（前一〇六～前四三）であった。ヘロドトスの没後四〇〇年近くたってのことである。もっとも、ヘロドトスよりほぼ一〇〇年後輩の、かの偉大なる哲学者アリストテレス（前三八四～前三二二）はすでに、ヘロドトスを歴史家と呼び、以下の有名な言葉を残している。

歴史家と詩人は、韻文で語るか否かという点に差異があるのではなくて――じじつ、ヘーロドトスの作品は韻文にすることができるが、しかし韻律の有無にかかわらず、歴史であることにいささかの変わりもない――、歴史家はすでに起こったことを語り、詩人は起こる可能性のあることを語るという点に差異があるからである。（アリストテレース、松本仁助・岡道男訳『詩学』第九章）

ここでは、詩とは異なる歴史というジャンルの存在が当然視されている。アリストテレスが『詩学』を著した年代は定かではないが、彼の生年が前三八四年であることから判断すれば、遅くとも前四世紀の半ば頃までには歴史というジャンルができあがっていたとみてよいだろう。

ヘロドトス、トゥキュディデスが著述していた頃からこの前四世紀半ばまで一〇〇年足らずのあいだに、ギリシアの知的風景は大きな変貌を遂げたことを、それは物語っている。エフォロス（一三六頁参照）、テオポンポスなどの後世に歴史家と呼ばれた著述家たち、あるいは「アッティカ史」（アッティス）作家と一まとめに呼ばれている、アテナイの歴史を著した作家群、さらにはかろうじて名前だけが残っている人たちがいた。彼らの作品は、現存するものもわずかの断片しか残っていないため、その作品の性格を論じにくいが、ヘロドトスとトゥキュディデスのあとを追う多数の作家が輩出した時代だったことは間違いない。当時のギリシア世界は、知的活動が爆発的に高まった時代を迎えていた。プラトン（前四二九頃～前三四七)、アリストテレスの作品を今読める幸せは大きいが、消え去ってしまい、忘れ去られてしまった作家や作品も膨大であったことを承知しておくべきだろう。

共感か批判か

すでに引用したヘロドトスとトゥキュディデスの作品の冒頭を読み比べるならば、自分の名を名乗り、戦争について執筆するという意図を明示している、という共通点が両者にはある。ヘロドトスがその作品を朗読するのを聞いた青年トゥキュディデスは、思わず涙を流し、それを見たヘロドトスがトゥキュディデスの学問の才を見抜いた、という伝えがある(マルケリノス「トゥキュディデス伝」)。その真偽のほどはわからないが、二人がアテナイで出会ったことは、十分考えられるし、一世代ほど後輩のトゥキュディデスの作品には、ヘロドトスを意識していると思わざるをえない箇所が散見される。しかし、トゥキュディデスの著作にはヘロドトスの名前もヒストリエーという語も見当たらない。「ヒストリエー」に代わり、以下のように類似の語として「ゼーテーシス」が使われている。

多くの人々は真実の追究《ゼーテーシス》に努力しようとはせずに、手近にあるものに耳を傾けるものである。(第一巻二〇章三)

先に触れた第一巻二三章でも、ゼーテーシスの動詞形ゼーテオーの不定形が使用されている。

なぜアテナイ人とペロポネソス人は（休戦条約を）破棄したのか、私はその原因と紛争とを先ず記述した。いつか誰かがギリシア人にそのような戦争の起こった原因を追究《ゼーテーサイ》する必要のないように、と。（第一巻二三章五）

このゼーテーシスをヒストリエーと言い換えても意味にさほどの違いはないと思われるが、トゥキュディデスは「ゼーテーシス」という語を用いる一方で、ヒストリエーという語をその作品のなかでまったく使用しなかった。なぜ、トゥキュディデスは「ヒストリエー」という語を使用しなかったのか、あるいは、使用を避けたのか。

これについては、少なくとも二通りの説明がありうる。一つは、ヘロドトスの作品に対する批判を込めて、「ヒストリエー」という語の使用を避けた、という説明である。その根拠は、トゥキュディデスの次の言葉には、ヘロドトスに対する批判が込められているとみられるからだ。

私は、戦争において起こったことについて、偶々《たまたま》そこに居合わせた人から仕入れた情報を事実として記述することを良しとせず、また自分の主観的判断でこれを記述することもせず、自分が目撃者であった場合も、他の人たちから情報を得た場合も、事柄の一つ一つについてできるだけ正確に検討を加えて記述することを重視した。……また、私の著述には神話伝承が含まれていないため、耳にした際におもしろくないと思われるかもしれない。

（第一巻二二章）

このトゥキュディデスの記述は暗にヘロドトスを批判したものだ、と解されてきた。ヘロドトスの作品には、次章で触れるように、神話や伝承が満載だからだ。ヘロドトスに批判的なトゥキュディデスであったから、ヘロドトスの執筆姿勢のキーワードというべき「ヒストリエー」という語を使用しなかった、という説明はかなり説得的なようにも思える。しかし、ヘロドトスに敬意をはらうあまり、彼の名前にもその創意による語「ヒストリエー」にも直接言及するような無礼を避けようとした、という正反対の説明も可能だろう。そのどちらの説明が適切なのか。これについては第五章で扱うことにする。

2　ヘロドトスは嘘つきか？

荒唐無稽の物語

ヘロドトスの作品には、荒唐無稽《こうとうむけい》と言いたくなるようなエピソードが多数収められている。一例をあげよう。レスボス島メテュムナ出身の竪琴《キタラ》弾きで歌い手でもあったアリオンの話である。キタラとは古代ギリシアのハープのような弦楽器のことである。そのキタラ弾きのアリオンが、イタリアのタラスからペロポネソス半島北部のコリントスへ戻ろうと船を雇うが、船員たちは出航後アリオンの所持金を奪ったうえに、海に投身せよと強要した。もはやこれまでと観念したアリオンは、正装して最後の歌を歌い上げると甲板から海中に身を投じた。ところがその彼をイルカが救い、ペロポネソス半島まで運んだというのである（第一巻二三章一～二四章六）。

もう一つ、ご紹介する。サモスの僭主《せんしゅ》ポリュクラテスは、あまりに幸運ばかりが続く自分の人生が恐ろしくなり、あえて不幸を経験しようと、大事にしていた指輪を海に捨てた。だがそれから五日後、ある漁師の少年が格別大きな魚を捕らえたため、王にその魚を献上したところ、その魚の腹から海中に捨てた指輪が出てきてしまった（第三巻四〇章～四二章）。

サモス島ピタゴリオの町。古代のサモス市が位置した地点に新しく建設されたリゾート・センター。ピタゴラスにちなんで1955年にこう命名された。

サッフォーとキタラ。瞑想にふける文芸の女神ムーサ（ミューズ）の像。九柱のムーサたちのいずれであろうか。プラトンが10番目のムーサと讃えたサッフォーという見方もある。横には亀の甲羅でつくった楽器キタラが置かれている。

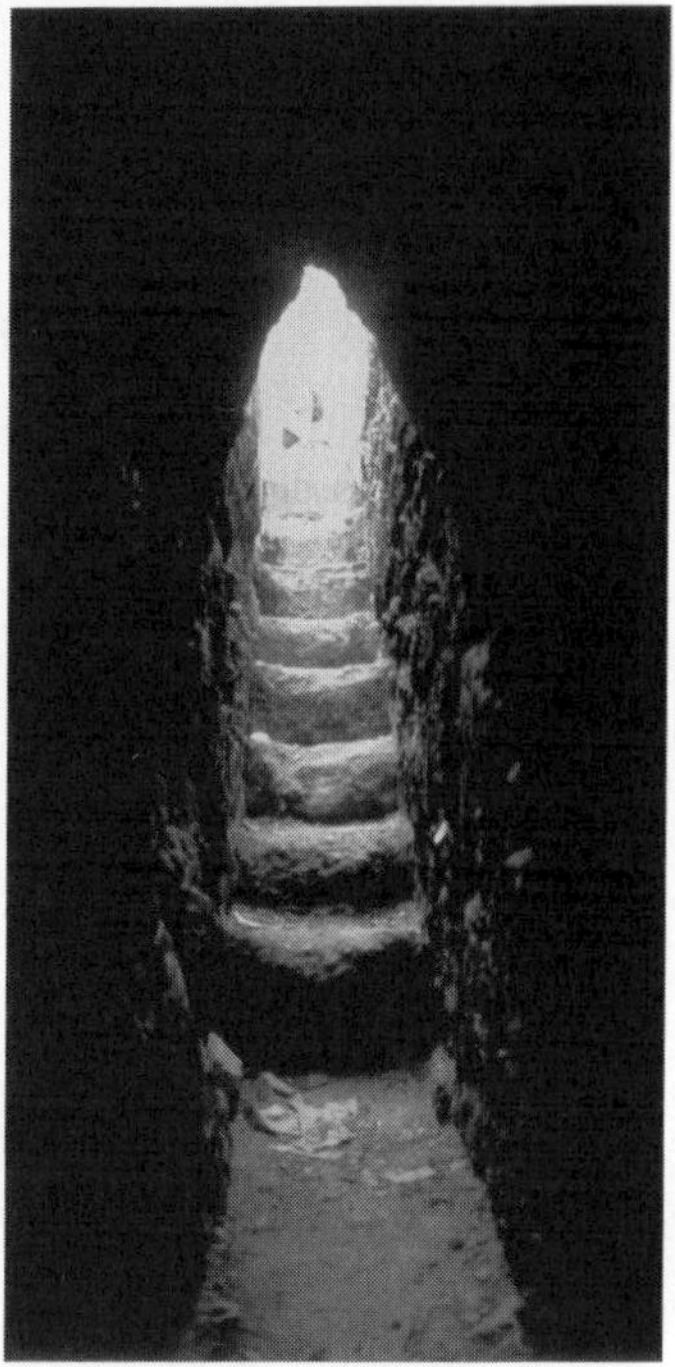

サモスの僭主ポリュクラテスの治世に建造されたエウパリネイオン（エウパリノスのトンネル）。島の内陸部の山地からポリスの城壁内へ水をもたらす機能とともに、万一のときにはひそかに市外へ避難する経路ともなった。

こうして、幸運続きの僭主ポリュクラテスは、どう手をつくしても幸運から逃れることができなかった。

このように、ヘロドトスの作品には、現代に生きる私たちの常識からいえば現実にはありそうもない神話や伝承が紹介されていて、それが、この著作の魅力の一つともなっているのだ。

歴史上の人物に関するエピソードについてもまたしかり。小アジアの小国リュディアの王クロイソスは、自分こそ誰よりも幸せだと考えていた。そのクロイソスのもとにアテナイの賢人ソロンが来訪した。ソロンとは、もちろん「ソロンの改革」で名を知られたあのソロンである。

アテナイ社会は前七世紀末以来、少数の富裕者と圧倒的多数の貧困層とに二極分解していて、混乱状態に陥っていたと関連の史料には語られている。そのアテナイ社会の建直し役を担わされることになったソロンは、さまざまな改革を断行し、社会の混乱を沈静化させた。この改革については、伝アリストテレス作『アテナイ人の国制』やプルタルコス作『ソロン伝』にそれに関する記述があるものの、肝腎なところが明らかではない。記述自体がかなり曖昧《あいまい》であるためいろいろな解釈が可能だからで、研究者によっていくつか異なる読み方が提案されているという現状である。

ソロンは改革達成後に国外旅行に出た、と前掲『アテナイ人の国制』第一三章一節にあるので、彼が実際にクロイソスと会ったことがあるとすれば、それは改革年の前五九四年以降となろう。ところが、クロイソス王の在位は前五六〇年頃から前五四六年までである。二人の出会いが現実にあったとすれば、そのときソロンは相当の高齢だったことになる。しかも、高齢で異国を旅することは、現在ほど楽ではなかったはずだ。それを考えると、二人の出会い自体も少々疑わしい。

では、ヘロドトスは二人の出会いをどのように描いているのか。クロイソスはソロンにもっとも幸せな者は誰かと尋ねた。もちろん、「それはあなた、クロイソスだ」という答えを

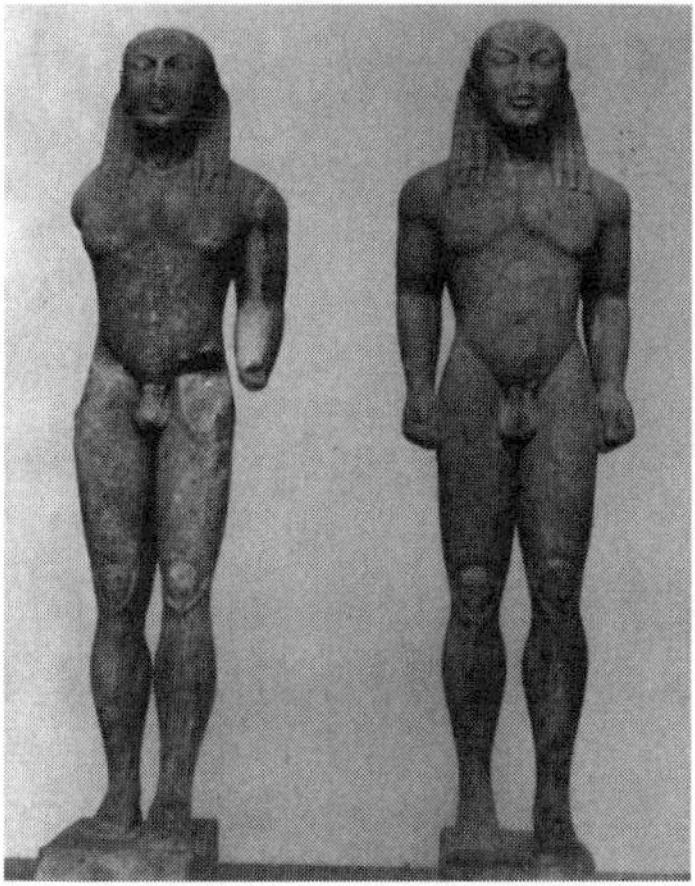

クレオビスとビトン兄弟といわれている彫像。彼らはソロンがクロイソスに対し、二番目に幸福な人として語って聞かせた兄弟。

リュディア王クロイソスがペルシアに抗戦して敗れ、火あぶりの刑に処せられる様子を描く陶器画。

期待しての質問だった。ところが、ソロンの答えは違っていた。第一はアテナイ人のテロスで、彼は子、孫に恵まれ、その一人とて欠けることなく成長し、テロス自身は立派に戦死を遂げたと述べ、第二はアルゴス生まれのクレオビスとビトン兄弟で、女神ヘラの祭礼に参加しようと急ぐ母親を車に乗せ、アルゴスからヘラ神殿まで四五スタディオン（約九キロメートル）の距離を牛の代わりにその車を牽引《けんいん》して走り通し、その褒美として安らかな死を女神から贈られたというのだ。要約すれば、長い人生にはいろいろなことがあり、幸も不幸もすべて偶然によるのであるから、できるだけ欠けるものが少ない人生を送り、しかも、よい死に方のできた者が幸福な人と呼べるということだろう。

自分クロイソスこそもっとも幸せな人という答えを期待していた王は、ソロンの説明を聞いたとき不満を感じたという。しかし後日、王はペルシアとの戦いに敗れ、火あぶりの刑に処せられようとした際に、ソロンの言葉の正しさに気づき、炎のなかで神アポロンの名を呼んで祈った。すると、燃え盛っていた火は、突如降り出した大雨によって消されたという。

この話のなかにも多分にフィクションがはいっていることは、容易に想像できる。クロイソスとソロンとの出会いが実際にあったかどうかさえも疑わしいことは、すでに述べたとおりである。ヘロドトス自身それは承知で、しかし、人間の運命のはかなさ、栄枯盛衰《えいこせいすい》あるいは盛者必衰《じょうしゃひっすい》の理《ことわり》をもっとも端的にあらわそうとしたとき、このようなエピソードは、事実を提示するよりもむしろリアリティを帯びてきて、人々の胸を打つと判断したのであろう。

ヘロドトスの叙述姿勢

そのほかにも、ヘロドトスの作品には現実にはありえない物語がところどころに挿入されているが、そもそも、ヘロドトスには叙述の対象を事実のみに限定するという意図はなかった。

私にとって本書を通じての原則は、各人によって語られたことを聞いたままに記すということである。（第二巻一二三章）

と明言しているように、調査旅行で聞いたことを、自分ではとても事実とは信じられないことさえも、記録するという方針を彼は貫いたのである。したがって、彼の作品においては、執筆者であるヘロドトスと叙述の対象とのあいだにはつねに個々の場合に応じた距離が保たれており、この距離を測定することが彼の作品を理解するうえで必要となってくる。この難問を解く試みをこれまで幾人もの研究者がおこなってきた。ヤコービもその一人である。

古代ギリシア史の碩学《せきがく》ヤコービは、ヘロドトスの作品に神話、伝承が多く含まれていることについて、早くも一九一三年に詳細な分析を加えた。彼は作品を内容によって細かく分け、それぞれを分析して成立時期に相違があると推測した。

ヤコービは、テクストの各部分の成立過程を推定し、前半部のペルシア、エジプト、スキタイについての記述と、後半部のペルシア戦争に関する記述とのあいだの落差、つまり、叙述の仕方の相違について、その理由を成立の時期の違いに帰着させた。つまり、ヘロドトスの作品には歴史家となる以前のヘロドトスと、歴史家としての視点を獲得したヘロドトスとがいて、彼の作品は全体が一つの統一体であるとはとらえられない、というのだ。ヤコービによれば、さかんに旅行をおこなったヘロドトスは、当初は地理学者、民族学者の立場で著述したが、アテナイにやってきてアテナイの政治的・社会的・文化的状況を観察して、ペルシア戦争の意義に思いいたり、歴史家へと成長したというのである。ヤコービの解釈は綿密なテクスト分析に基づくもので、今日にいたるまで大きな影響力がある。このような時間の経過と作品の各部分の成立時期とを関連させてヘロドトスの作品の前半と後半の相違について説明する方法は、今でも有効性を失ってはいない。

ここで再び、古代におけるヘロドトスの評価に戻れば、彼の作品中の神話・伝承について、キケロは以下のように述べている。ヘロドトスを「歴史の父」と呼んだあのキケロである。

歴史では〈すべてが〉真実を基準として判断されるが、詩ではたいていのことが楽しみを基準として判断されるからだ。とはいえ、歴史の父であるヘーロドトスやテオポンポスに

は無数の作り話があるが。(『法律について』第一巻一章五　岡道男訳。〈　〉内は校訂者による補足)

同じような疑念に基づいて、ヘロドトスの歴史叙述には虚偽が含まれている、ヘロドトスは嘘つきだ、という意見を、すでにキケロ以前に述べる古代ギリシアの著作家たちがいた。現在残っている史料から知られるかぎり、公然とヘロドトスを批判した最初の人は、クテシアスという、小アジアのエーゲ海沿岸ハリカルナッソスよりやや南に位置する町クニドス生まれの医者である。ペルシア王アルタクセルクセス二世(在位前四〇五／四～前三五九／八)の侍医を務めた人だったというから、ペルシアについては多くの知識をもっていたはずだ。彼は『ペルシア史』(全二三巻)や『アッシリア史』『インド誌』を著したと伝えられているが、現在は残っていない。ところが、このクテシアスがヘロドトスを嘘つき(プセウステース)と呼んで批判していた、という記述が残っているのだ。

このクテシアス以来、古代におけるヘロドトスに対する評価は、トゥキュディデスに対する評価と比べて、相当厳しかったらしい。ただし、最近の研究では、クテシアス自身がかなりいい加減な著述をする人物だったらしい、とか、古代のヘロドトスに対する批判それ自体が事実誤認によるところがあった、という指摘もなされ、ヘロドトスの復権が著しい。だが、ここではヘロドトスは嘘つきであったという評価について、もう少し説明しておこう。

この評価は現在にいたるまで続いているからである。

「嘘つきヘロドトス」学派

ヘロドトスは嘘つきであると評価する研究者たちを批判する、『「嘘つきヘロドトス」学派』という題名の書物が一九九三年に、出版された。その著者であるプリチェットはカリフォルニア大学バークレー校教授を務めた定評ある古代ギリシア史の研究者である。プリチェットは古代ギリシアの地誌に関する研究をするなかでヘロドトスの著作中の記述を検討し、その信憑《しんぴょう》性の高さを認めるとともに、翻ってヘロドトスの記述の虚偽性を指摘する研究者たち、すなわち「嘘つきヘロドトス」学派を批判・攻撃した。もっとも執拗《しつよう》な攻撃を受けたのがドイツの研究者フェーリンクである。攻撃を受けたフェーリンクの著書はドイツ語で書かれたものだが、英訳書も出ているので、かなりの評価を得た書であることがわかる。

この書物のなかでフェーリンクは、ヘロドトスの作品中の多くの記述が作り物(フィクション)である、つまりヘロドトス自身が創作したものだと解釈する。たとえば、先に紹介したアリオンの物語について、ヘロドトスはコリントスとレスボスとでその話を聞いたというが、フェーリンクは、コリントスで起こった物語がレスボスという遠く離れた地で語られていたというのは非現実的だという。また、のちにペルシア王となるキュロスが幼い頃牝犬に育てられたという話は、じつは彼の両親によってつくられた伝説であった(第一巻一二二章）、とヘロドトスは解説するが、フェーリンクはこの話がペルシア起源であるという点を虚偽であるとし、キュロスにまつわるこの話がギリシア語の語呂合せに由来するものだと説明する。すなわち、キュロスの「キュ」とギリシア語で犬を意味する「キュオーン」とを結びつけたのであって、ペルシア起源であるというのは作り話とみなす。これについて、プリチェットは、赤ん坊が雌の動物に育てられる話は、近東では珍しくない、とその事例をあげて、ヘロドトスによる作り話だという解釈を批判する。

ただし、フェーリンクとてヘロドトスを非難しているわけではない。ヘロドトスは歴史ではなく、歴史的事実にゆるく基づいた一種の語りの技法を発明した、という見方を提示したのである。その点で彼は、次の項で紹介するホーヴァルトの立場に近い。また、フェーリンクのように、ヘロドトスの作品中の虚偽を見つけることを熱心におこなう研究についても、あるいはそれと反対に、虚偽としてあげられた多数の項目を逐一反論する研究についても、ヘロドトスの記述を執筆当時の紀元前五世紀のギリシアという場において評価する視点が欠けている、という批判が出されていることも、付け加えておくべきだろう。当時のギリシア人が、史実と虚偽のあいだの差異について、私たち現代人と同じ受止め方をしていたとは限らないからだ。

このように、ヘロドトスの著作中の神話・伝承については、これまでさまざまな見解が出されてきた。現在の私たちの常識では、神話・伝承と歴史叙述を同列に扱うことはとうていできない。創作であるから、そしてヘロドトスは歴史家であるという前提あるいは思い込みが私たちのなかにあるから、彼の作品に神話や伝承が含まれていることを荒唐無稽ではないかと当惑するのであろう。しかし、そのような当惑は無用といわなければならない。近年のヘロドトスに関する研究は多方面からさかんに進められてきており、新しいヘロドトス像が築かれてきているからである。ヘロドトスの評価は変化し、高度化してきている。

ヘロドトスの語りの技法

ヤコービの主張とは反対に、ヘロドトスの作品は全体として、ペルシア戦争という主題を軸として、それに関連する物語を付け加えた統一的なものとみなすべきである、という見方も一部の研究者によって出されてきた。

とくに、ドイツのホーヴァルトは一九四四年に、ヘロドトスの文体そのものが語りに適した構造であり、作品のなかに語りという特徴が明らかで、ペルシア戦争が中心主題であったとしても、それをはるかに上回る量の物語が虚実をあわせて次々と展開していくところこそが、ヘロドトスの作品の特徴である、という解釈を提示した。ヘロドトスは、従来民衆に対して広くおこなわれていた語りの技法を歴史や地理を述べるために応用した、というのである。

ヘロドトスを語り手としてとらえている点では、フランスのアルトーグもホーヴァルトに近いが、アルトーグはさらに、ヘロドトスが旅行をして得た知識と彼自身の世界認識とを各地で語り聞かせることで生計を立てていたと想定する。そう考えれば、ヘロドトスの作品に語りの技法という特徴のあることの意味も、理解しやすく、同時に、ヘロドトスの人物像も生き生きとしたものになる。アルトーグは暫定的な結論としながらも、いまだ歴史というジャンルの存在していなかった当時において、ヘロドトスは一面では知識を売り歩くソフィストであり、一面では物語を売って歩く散文による吟遊詩人であった、と述べている。ヘロドトスの著作のあちこちにさまざまな物語がちりばめられていることも、この説明によれば納得できる。ただし、物語を売って歩いたというヘロドトスの生計の立て方については、すでに藤縄謙三『ギリシア文化の創造者たち——社会史的考察』（一一一〜一一九頁）にも言及されているから、とくに目新しい見解というわけではない。

アルトーグは、ヤコービのようにヘロドトスの作品を二つに分けて解釈することを批判し、ヘロドトスの歴史の統一的一体性を論証する点でも、ホーヴァルトの見解に近い。しかし、アルトーグ独自の見解は、むしろ次のところにあるといえよう。彼によれば、ヘロドトスの姿勢はつねに他者に向けられ、他者像を描くことによって翻ってギリシア人のアイデンティティを鮮明なものとすることを一貫しておこなったのである。

ギリシア人の誕生

いま紹介したアルトーグの著書『ヘロドトスの鏡』には、納得させられるところが多々ある。たとえば、ヘロドトスにはギリシア人のアイデンティティに関してしばしば引用される以下の文章がある。

それに、(われわれはともに)ギリシア人《ヘレニコン》だということでもある、つまり、血を同じくし、言語も同じで、神々の社も生贄《いけにえ》奉献の儀礼も共通であり、生活習慣も同じなのだ。(第八巻一四四章)

これは前四八〇年のサラミスの海戦後に、アテナイが単独でペルシアと和平を結ぶのではないかと危惧《きぐ》するスパルタの使節に対し、それはありえないと断言して、その理由をアテナイ人が説明した際の言葉として、ヘロドトスが述べている箇所である。ここには、ギリシア人という一体感の存在を前提として、そのギリシア人であることの要件として、言語や出自とともに宗教上の慣行・儀礼の共通が語られている。

ヘロドトスのこの文言をそのまま受け取れば、古代ギリシアにおいてそこに暮す人々がギリシア人としての自己認識をすでに長いこと共有していたかのようであるが、実際にはそうではなかった。ポリスという境界を超えて人々が抱くようになったギリシア人としての一体感は、ペルシア戦争で異邦人（バルバロイ、すなわちペルシア人）と対決したことによって鮮明に意識されるようになり、また確固となっていったものらしい。むしろ、右に引用した文言を含むヘロドトスの作品は、このような一体感がギリシア世界に広く浸透し、そこに住むギリシア語を話す人々がギリシア人としての自己認識をもつよう促す働きがあった、とみなすべきなのだ。

アルトーグは、ヘロドトスがもつソフィストとしての面と吟遊詩人（ただし散文による）としての面とを強調したが、同時にヘロドトスが「歴史の父」であったと認めてもいる。ただし、彼はキケロとは異なった意味で、そう呼んでいるのである。

では、どのような意味でヘロドトスは「歴史の父」なのだろうか。二十世紀になって歴史学研究が文化人類学や社会学の方法を取り入れた結果、歴史人類学や歴史社会学などのような新しい学際的な分野が成立し、歴史学の対象範囲が拡大した。アルトーグが指摘するように、神話や伝承に満ちたヘロドトスの作品が、近年になって評価を高めた理由の一つは、このような歴史学の地平の拡大にある。神話や伝承が数多く含まれているヘロドトスの作品は、学際的な方法で歴史学の研究を進める際に手掛りとすべき材料の宝庫として注目され、評価を高めたのである。したがって、ヘロドトスが「歴史の父」となったのは、前五世紀でもキケロの時代でもなくて、二十世紀に歴史学が新たな地平を切り拓いたときなのだ、とアルトーグは主張する。彼は、このような意味でヘロドトスを「歴史の父」と呼んだのであった。

アルトーグは、彼なりの意味でヘロドトスを「歴史の父」と呼ぶのだが、同時にヘロドトスを嘘つきである、ともいっている。この場合の「嘘つき」の意味は、これもまた、先述の「嘘つき学派」の嘘つきとは違って、歴史そのものが嘘（フィクション）である、という前提から出た「ヘロドトスは嘘つきだ」、という論理である。つまり、事は、歴史とは何か、史実とは何か、という普遍的で深刻な問題にかかわってくるのである。

史実を、つまり、過去に起こったことを、神ならぬ身の私たちは百パーセント正確にとらえることはできない。そこから、歴史は真実を表現できない、表現されたものは虚偽にすぎないという主張も出てくる。しかし、ここできちんと確認しておきたいのは、たとえ完全に史実をとらえること、再現することは不可能であっても、歴史家は可能なかぎり史実に肉薄する努力をはらいつづけるものだ、ということである。そして、史実に肉薄しようとする歴史家たちの努力のなかには、先程述べた文化人類学や社会学の知見や方法の援用をいれることもできよう。

だが、史実というものは、歴史家がいかなる方法を駆使しても、その歴史家自身がどのような問題意識をもってアプローチするか、どこから史実に光をあてようとするかによって異なった相貌をみせる。したがって、歴史の研究成果を読むときには、その歴史家がどのような人間か、どのような問題意識をもっているかを知ることが必要だ。その意味からも、ヘロドトスがいまだ歴史というジャンルのない時代に生きたことははっきりと確認しておく必要がある。現代に生きるわれわれにとっては虚偽と思われることも、前五世紀のギリシア人にとっては必ずしもそうではなかったかもしれないし、当時のギリシア人にとって何が真実として受容可能であったかと問う姿勢も必要である。ヘロドトスが生きた時代における知識人たちの、事実とフィクションについての認識の仕方がどうであったのか。その解明は、現代に生きる私たちを基準としては、成功しない。それは、やはり、ヘロドトスの時代のなかに私たちが身をおいて考えなければならないだろう。

3　新しいヘロドトス像

時代のなかのヘロドトス

いまだ歴史というジャンルが存在していないところで、文学的な伝統の延長上で執筆活動をしたヘロドトスは、すでに述べたようにハリカルナッソスに生まれ、若くして国を離れ、一時サモスに居住したのち、亡命者としてペルシア、エジプト、スキュティアなど各地を旅行して見聞を広めた。このようにみていくと、知識人としてのヘロドトスの人間形成は、イオニア地方を中心に展開したことは間違いあるまい。イオニア地方とは小アジアのエーゲ海沿岸の主要部に相当し、ヘロドトスの生地ハリカルナッソスはほぼその南端を占めていた。この地方には前十世紀頃にギリシア人がギリシア本土から移住してきて定住し、オリエントの影響を受けつつ独自の文化を花開かせた地域である。たとえば、ホメロスの叙事詩の言語はイオニア方言の特徴を強くもっている。

ちなみに、古代ギリシア語の方言は、分布状況によって大きく西方言と東方言に分かれる。スパルタなどペロポネソス半島の主要部で話されていた方言であるドーリス方言は西方言群に属し、イオニアのギリシア語はアテナイで話されていたアッティカ方言（アテナイが

前5〜前4世紀のギリシア語方言の分布図。ギリシア文字が考案されたのは前8世紀前半で、初期には地域によって音韻の表記法がさまざまだった。また、古代ギリシア語にはドーリス方言、西北ギリシア方言を含む西方言群と、イオニア方言やアッティカ方言、アイオリス方言を含む東方言群と、両方言の中間のテッサリア方言があり、図のような方言の分布が碑文などの文字史料に基づき、描かれている。

位置する地方はアッティカと呼ばれていた）とともに東方言群に含まれるイオニア・アッティカ方言に分類されている。

詩人ホメロス誕生の地としては、イオニア地方に位置するキオス島あるいはそのほぼ対岸に相当する小アジアのエーゲ海沿岸のポリスであるスミルナが、有力候補として推定されてきた。ギリシア人はイオニア地方に定住してから、ミレトスやエフェソスなどのポリスを建設したが、スミルナもその一つで、現在はこの地域最大の都市イズミル近郊の小村となっている。イオニア地方のポリスの多くは、ポリス成立の歴史のなかでもその初期に成立した。それらのポリスが長くローマ時代にいたるまで繁栄を続けたことは、現在多くの観光客が訪れているそれぞれの遺跡を観察すれば、たちまちにして理解できる。

ギリシア人が前十世紀から定住し、いくつものポリスを建設したこのイオニア地方において、前六世紀の後半にギリシア人の科学的な精神活動が始まった。いわゆる「イオニアの自然哲学者たち」の知的活動である。彼らは人間を取り巻く自然全体を体系的、合理的に説明できるような普遍原理の発見に関心をもち、すべてのものの元《もと》として自分が発見したと信じる原理の説明を試みた。ミレトス出身のタレス（前六二四頃〜前五四六頃）はそれが水であるとし、彼よりおよそ一〇歳年少のアナクシマンドロス（前六一〇頃〜前五四六以降）は無限なものが万物の根源であると考えた。著作を残さなかったタレスに対し、アナクシマンドロスはその思想を散文で書き残し、その数行が現存している。

ホメロスの像と『オデュッセイア』のエピソード。上は、古代から『イリアス』『オデュッセイア』の作者とされてきた盲目の吟遊詩人ホメロスの像。下は、トロイアへ遠征した夫オデュッセウスの留守中に機織をする貞淑な妻ペネロペイアを描く。彼女は日中に織った布を夜になるとひそかにほどいて、織物の完成を遅らせ、求婚者の申し出を退けている。

エフェソスの貴族出身のヘラクレイトスは、前五〇〇年頃に活動の最盛期を迎えた。彼は自然哲学者たちのなかでも「魂」（プシュケ）という語を多用した一人であった。「魂には、自己を増大させるロゴスがそなわっている」（廣川洋一訳）という彼の書の断片から浮かび上がってくるヘラクレイトスの思想は、廣川の言葉を借用するならば、「個人の魂には深いロゴスがそなわっている、そしてこのロゴスはさらに自己を伸長・増大させることによって、人間個人の魂のロゴスのレベルを超え出て、宇宙世界のロゴスのレベルにまで増大し成長する」というように説明できる。このように自己の内面を探究したヘラクレイトスにとって、宇宙世界は、変化しながらも無規定ではなく、同じものでありつづける火そのものであった。その他にもアナクシメネス（盛時は前五四五〜前五二五といわれている）、クセノファネスらイオニア出身の哲学者たちの名をあげれば、当時のまばゆいほどにエネルギッシュな、知性の覚醒《かくせい》の大波が押し寄せたイオニア地方に思いをいたすことができよう。

このような知的に豊かな風土のなかにヘロドトスは生を享《う》け、若者へと成長していったのだった。身内にパニュアッシスのような詩人がいたということから推測して、子どものときからヘロドトスは知識人たちの活動を身近に感じ、接触する機会があり、そこから多くを学んだのだろう。では、ヘロドトスの作品には、同時代のイオニアの知的風土はどのように関係しているのだろうか。わずか三十歳で『古典期アテナイのオーラル・トラディションと記述資料』をケンブリッジ大学出版局から公刊し、高い評価を受けた才媛、トーマスが二〇〇〇年に刊行した『コンテクストのなかのヘロドトス』は、その点に焦点をあてた書である。

すでに彼女以前にも、前五世紀のヘロドトスが哲学者たちの知的活動を知悉《ちしつ》し、また十分に理解していたことは、哲学の分野の研究で指摘されていた。たとえば、ヘロドトスは、哲学の用語エレンコス（吟味《ぎんみ》、論破）をもっとも早く使用した著作家の一人であったという。具体的な例をあげれば、ナイル川が定期的に氾濫することについて、それが全陸地をとりまく大洋《オケアノス》から出ているからであるという説をヘロドトスは紹介し、この説を唱える者は「話を目に見えぬものへと持ち込んでいるので、エレンコスに堪えない」（第二巻二三章）と述べている箇所である。ギリシア世界のなかでも哲学者輩出の点で先駆的だったイオニア地方で展開されたに違いない、哲学的議論の方法を彼が知っていたことは間違いない。

このような研究の進展の延長上で、トーマスはさらにより大きな知的文脈のなかにヘロドトスの作品を位置づけようとした。彼女は、とりわけヒポクラテスの影響をヘロドトスの作品のなかに探る。ヘロドトスの生地ハリカルナッソスに近い島コスは、ギリシア最大の医師ヒポクラテス（前四六〇頃～前三七五頃）が誕生し、医術の学校を築いた地として名高い。このコスには医術の訓練センターもあったと推測されている。そのヒポクラテスの名前で伝えられている文献は膨大で、病気、医療や健康に関係したものが多い。それらは現在ヒポクラテス全集としてまとめられている。収められているのは、ヒポクラテスとその弟子たち、あるいは周辺の医師たちの書き残したもので、個々のテクストの著者同定は必ずしも成功していない。つまり、全集中のどの作品がヒポクラテス自身の筆になるものか、判明しているものは少ないのである。ヒポクラテス全集はヒポクラテスの名でひとまとめにされた医師集団の作品の全集と考えればよい。

ヒポクラテスとヘロドトス

すでに、ケンブリッジ大学教授であった科学哲学の専門家、二度の来日経験もあるロイドは、前五世紀における自然哲学と医学とのあいだの学問としての未分化を立証していた。ここからさらにトーマスは対象を限定し、ヘロドトスとヒポクラテスら医師が当時の知識や情報、参照できる文献を共有していたと想定する。実際にヘロドトスの作品には病いと治療に関連する記述が多い。たとえば前四八〇年にギリシアに侵攻したペルシア海軍の兵士たちが、敵であるアイギナの軍船の乗組員ピュテスが死を顧みずに勇敢に戦い、瀕死《ひんし》の重傷を負ったのを見て感じ入り、手厚い治療を施した様子が描かれている（第七巻一八一章）。また、ペルシア王カンビュセス（在位前五三〇～前五二二）がエジプト遠征中に発狂するが、ヘロドトスはこれを王の持病の癲癇《てんかん》と結びつけて考える（第三巻三三章）。

さらに、具体的に前四三〇年頃から前四〇〇年頃のヒポクラテスによるとされている作品を対象として比較検討を試みるが、なかでも、ヒポクラテス全集に含まれている『空気、水、場所について』（以下『空気』）に注目する。この作品は、ヒポクラテス自身によって著されたものである可能性が高いとみなされているが、成立年代については研究者のあいだでも前四三〇年頃と前五世紀末とに意見が分かれているため、ヘロドトスの作品とどちらが先に書かれたかについて確かなことはいいにくい。だが、この作品は前五世紀後半の一部知識人の見解を反映しているといえよう。

気候や環境が健康や性格に影響すると主張する『空気』の第一二章以下では、アジアとヨーロッパの違いがさまざまな点について語られている。たとえば、アジアとヨーロッパでは人間も植物も異なり、アジアではすべてが美しさも大きさも優《まさ》っているが、それは穏和な気候によるといい（第一二章）、また、同じ理由でアジアの住民のほうが性格も温和で、ヨーロッパの住民ほど戦争に向いていないという（第一六章）。ただし、ヨーロッパの住民としてあげられているのはスキュティア人で、彼らの地は北方で北風が吹き降ろすため、人も動物も少産で、小柄であるという（第一九章）。

ヘロドトスは、世界の捉え方で、リビア、アジア、ヨーロッパに三分するイオニア人の三分法を各ユニットが不均等でアンバランスであると指摘して批判する（第四巻四一章以下）ばかりでなく、まず何よりも分割思考そのものに反対し、もちろん、『空気』のヨーロッパとアジアの二分法にも反対する。また、命名法も実態と一致しないと指摘する。それにもかかわらず、ヘロドトス自身の思考も一貫してはいない。慣行に従う二分法をおこなったり（イストロス川とナイル川との対比やスキュティアとエジプトの対比など）、批判したはずの三分法に基づき、リビア、ヨーロッパ、アジアを比較したり（第四巻一九八章～一九九章）、という具合である。しかし、人間の思考法はそう簡単には転換しないものであり、ヘロドトスの場合はむしろ慣習的思考を疑問視し、批判し、乗り越えようとする試みをおこなっていることをこそ評価すべきだ、とトーマスはいう（『コンテクストのなかのヘロドトス』八五～八六頁）。

『空気』にはまた、アジアでは多くの人々が王の支配を受けており、従属的で消極的であるが、アジアの人々のなかでもギリシア人を含め、王に支配されていない人々もいて、彼らは独立心旺盛で、好戦的だ、とある（第一六章）。アジアの住民に関して書かれた箇所でギリシア人が言及されているのは、注目に値する。この例を引きながらトーマスは、ヒポクラテスの作品『空気』とヘロドトスとのあいだには、アジアとヨーロッパの区分に関する記述において共通するところがあると指摘する。ヘロドトスは、「ペルシア人はアジアとそこに住む非ギリシア系諸民族を支配していると主張し、ヨーロッパとギリシアをそれとは区別して考えている」（第一巻四章）と述べ、ギリシアとヨーロッパを同一視していないと同時に、アジアに住むギリシア人をも言外に想定しているからである。

つまり、ヒポクラテスもヘロドトスもともに、アジアとヨーロッパを地理上の位置によって区分することについて躊躇《ちゅうちょ》をみせている。それは、ともに、イオニア地方というアジアのなかに建設されたギリシア人のポリスに住んでいたからと、トーマスは考える。両者は、イ

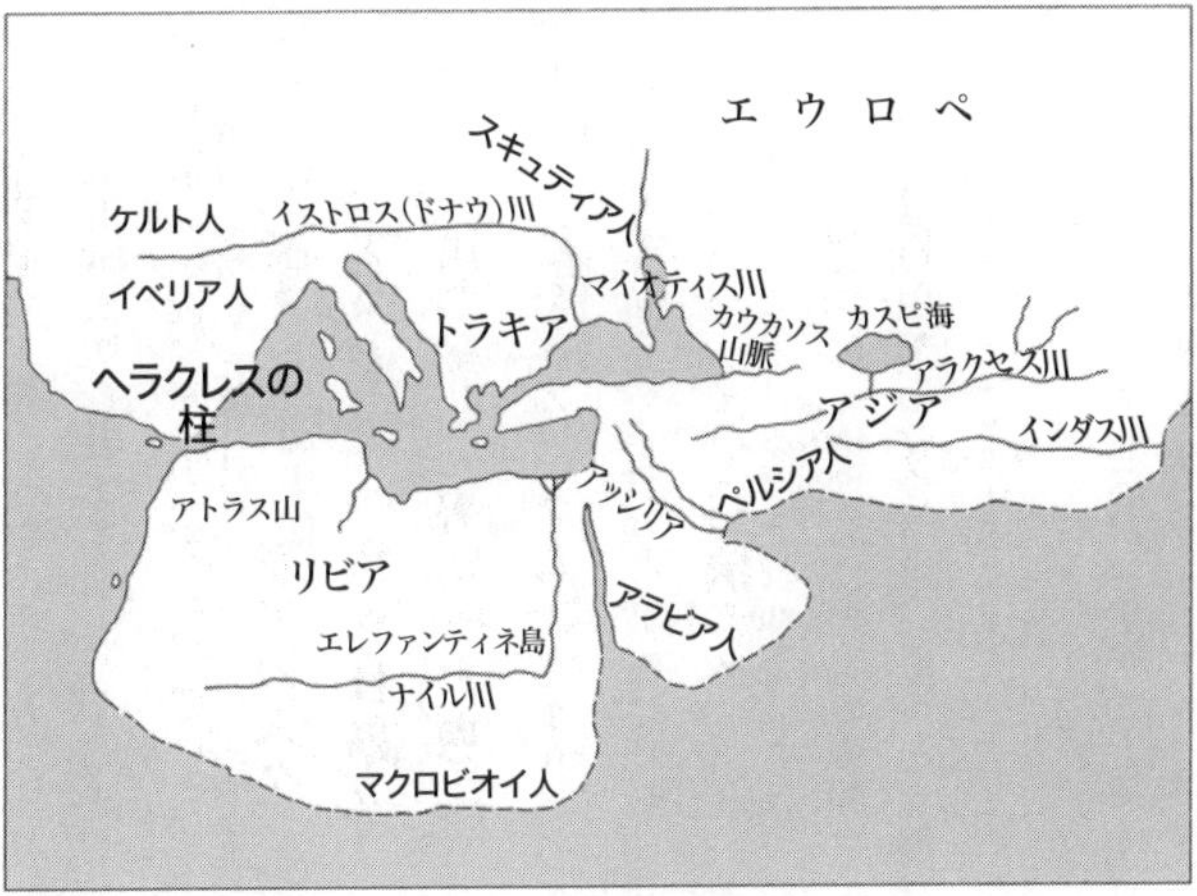

ヘロドトスの世界像。ヘロドトスは世界地図を描いた先人たちの試みを批判し（第４巻36章)、第４巻37章〜41章において自説を開陳している。それによれば、ヨーロッパは北方にあって大きく東西に広がるとみるが、その北の果てが海であるという説は否定し、わからないとしている。他方、南側には、アジアとリビアとが並んでいる。

オニアという共通の土壌のなかで生まれ、成長したのであって、そこから切り離され、突然変異のように出現した突出した存在というわけではない。しかも当時のイオニア地方には、多数のいわゆるソフィストたちが活動していたらしい（五〇頁参照）。ヘロドトスは、すでに豊かに成立していたイオニアの精神土壌を背景に、頭角をあらわした。そう理解してこそ、私たちはヘロドトスの実像に迫ることもできるのである。

イオニア地方はアジアなのか、それともヨーロッパなのか。この点に関しては、たとえば、アリストテレスはアジアとヨーロッパに住む人々について、次のように述べている。

寒冷地に住む諸民族、とくにヨーロッパに住む諸民族は精神力は充実しているが、思考と技術は不足している。それゆえ彼らは比較的自由でありつづけるが、政治組織を編成できず、周辺の人々を支配することができない。他方アジアの諸民族は知力と技術力はあるけれども、精神力に欠ける。それゆえ彼らはつねに支配され、隷属状態のままである。しかし、ギリシア民族は、地理的に両者の中間に位置しており、両要素を分け持っている。それゆえ彼らは自由でありつづけ、もっとも優れた政治組織のもとにあるのである。（『政治学』第七巻七章、一三二七b二七〜三二）

ここでは、アリストテレスは、アジアとヨーロッパ、そしてそれの中間としてのギリシア

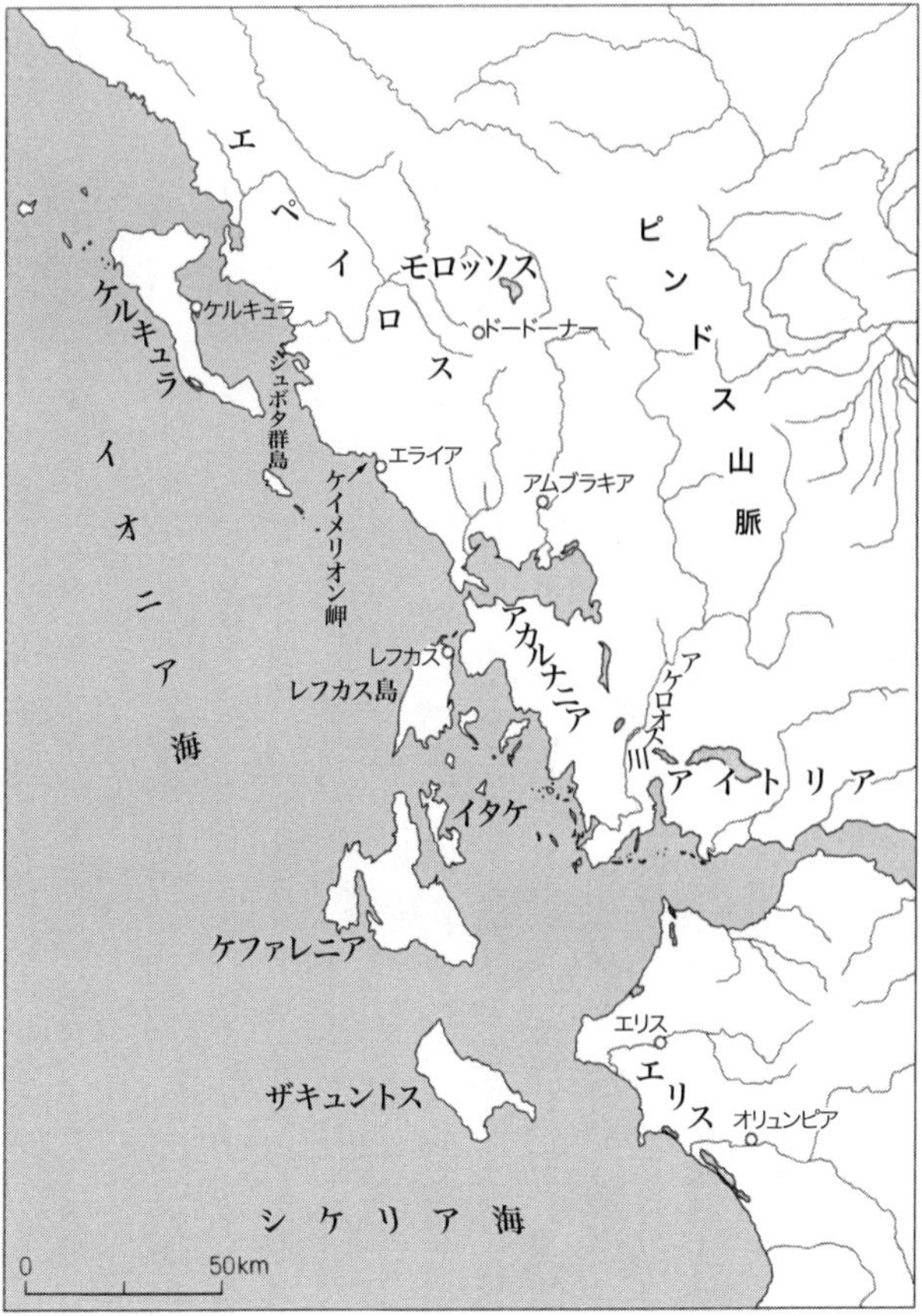
エペイロス
モロッソス
ピンドス山脈
ケルキュラ
ケルキュラ
ドードーナー
シュボタ群島
エライア
ケイメリオン岬
アムブラキア
イオニア海
アカルナニア
レフカス
レフカス島
アケロオス川
アイトリア
イタケ
ケファレニア
エリス
エリス
ザキュントス
オリュンピア
シケリア海
0
50km

ギリシア本土北西部

を想定している。ギリシアはアジアとはまったく別の存在として区別されている。アリストテレスはヘロドトスより半世紀以上あとの人だが、ほぼ同時代の言説としてエウリピデス作の悲劇『アウリスのイフィゲネイア』をみてみよう。

ギリシア人がバルバロイを支配することはあっても、バルバロイがギリシアを支配することはなりません。なぜなら、むこうは奴隷、こちらは自由人なのです。（一四〇〇〜一四〇一行）

この作品は、マケドニアの王宮所在地ペラで前四〇六年に没したエウリピデスの遺作である。彼は、前四〇八年以来、マケドニア王アルケラオスの招きに応じてペラに滞在していたのであった。前四〇五年の大ディオニュシア祭において上演されたらしいが、遺作であるから、他者の手がはいっている可能性もある。しかし、引用部分については、真作であることについてとくに疑問視されていない。前五世紀末の作とみてよいだろう。そして、ここにはギリシア人とバルバロイ（すなわちペルシア人）とが迷いなく截然《せつぜん》と区別され、自由人と奴隷との関係に対比されている。ヘロドトスの逡巡もヒポクラテスの未分明もここには見出せない。

ここで思い出されるのは、前四九九年のいわゆる「イオニアの反乱」である。ペルシア戦争の始まる直前、小アジア沿岸のギリシア人諸ポリスはペルシア王に貢納の義務を負っていて、その従属者としての立場からの解放を期して決起したのがイオニアの反乱であった。それは結局失敗し、前四九〇年からのペルシアのギリシア本土への侵攻とそれを撃退しようとするギリシア連合軍との戦いへといたることになるのだが、イオニア地方のギリシア人が抱えていたアンビヴァレントな立場は、ここからも説明できよう。そして、それはヘロドトスのおかれた立場でもあったことを、忘れてはならない。

このように、理解するにも一筋縄ではいかないヘロドトスに、「嘘つき」という批判は必ずしも適切とはいえまい。幸いにも、すでに述べたように、二十世紀になって歴史学研究が文化人類学や社会学の方法を取り入れたとき、ヘロドトスの著作は歴史研究者たちにとって新たな光を発する史料として立ちあらわれ、その評価が高まった。以下では具体的にヘロドトスの作品をとおして古代ギリシア史研究がその地平を拡大することになった具体的事例を紹介しよう。

ヘロドトスの復権

サモスの僭主《せんしゅ》ポリュクラテスの話を思い出していただきたい。この幸運続きの僭主ポリュクラテスは、サモス全島を制すると、大国エジプトのアマシス王（在位前五七〇〜前五二六）とクセニア関係（後述）を結んだ。あまりに幸運が続くポリュクラテスの運命に不安を感じたアマシスこそが、何か大切なものを捨てるようにと忠告したその人であった。その忠告に従って、ポリュクラテスは大切にしていた指輪を海に捨てたのである。その指輪が漁師の献上した魚の腹から出てきたことはもうすでにご存じのとおり。この事態を知って、それでは、アマシスはどのような行動に出たのか。指輪の顚末《てんまつ》をポリュクラテスからの手紙で知ると、アマシスはクセニア関係を破棄することを通告した。「万一ポリュクラテスが恐ろしい大厄に見舞われた場合、彼が自分とクセニアの関係にあれば、アマシス自身も心を痛めねばならないだろうが、そのような目に会いたくない」という理由であった（第三巻三九章〜四三章）。さて、ここで「クセニア関係」と私は述べたが、これはいったい何なのだろうか。

これに関連するもう一例をご紹介してから、説明したい。アテナイでは前五一〇年にペイシストラトス一族が追放され、僭主による独裁政治は終わりを告げた。そのあとに、有力貴族だったイサゴラスとクレイステネスのあいだの権力争いが激化する。イサゴラスはスパルタの王クレオメネスの力を借りる算段をする。これが裏目に出て、イサゴラスは失脚、クレイステネスの改革が実行に移され、めでたく民主政が成立する。前五〇八ないし前五〇七年のことであった。ここまでの政争を叙述するヘロドトスによれば、イサゴラスが救援を求めたのは、自分のクセノスであったスパルタ王クレオメネスであった。このクレオメネスはイサゴラスの妻を間男したという評判が立っていた、とヘロドトスは付言する（第五巻七〇章）。少しうがった見方をすれば、クセノスであるがゆえにクレオメネスはイサゴラスの家を訪問し、その妻とねんごろになったのだろう。クセノスであるクレオメネスはイサゴラスから身内同然という扱いを受けたために、その妻とも親しくなる機会をもったと考えられる。さもなければ、外人であるクレオメネスがイサゴラスの妻を訪ねることなどできなかっただろう。アテナイでは良家の妻女は身内以外の男とは顔をあわせないことが嗜《たしな》みとみなされていたからである。

ここでクセノス、クセニア関係について説明しておこう。今ご紹介した二つのエピソードの両方にクセニア、クセノスという言葉が出てくるが、「クセノス」は「見知らぬ外人」と「客人すなわち相互歓待関係にある外人」の二種の意味をもつ言葉である。ところが、この二種の語義は、その場その場で当事者の主観に基づいて適当に使い分けられていたのではなく、「客人」の意は、アルカイック期以来の社会慣行である「クセニア」との関連で使用されていたことが、イスラエルのヘブライ大学教授ハーマンによって明らかにされた。このクセニアはホメロスの叙事詩のなかにも描かれている。

ハーマンが儀礼的友好関係（ritualised friendship）と呼ぶこのクセニアとは、相異なる社会あるいは共同体の出身である二者のあいだで儀礼をへて結ばれた連帯の絆《きずな》であって、具体的には、財と奉仕の互酬としてあらわれる。ここで指摘された「互酬」という特質は、文化人類学の概念の一つ「互酬性」を援用することによって、鮮明にみえるようになった。互酬性は、贈与交換を成り立たせている原則の一つで、他人から与えられた有形、無形のものは、後日返済されなければならない、という原則である。私たちの日常生活においてもその原則は存在するばかりでなく、むしろ日本社会はこの「互酬性」が比較的強く貫かれている社会であるといわれている。入学祝いや病気見舞いを贈られれば、「内祝い」や「快気祝い」の名目で返礼する慣わしがあることにそれはあらわれている。

ハーマンは古代ギリシアが残した文献史料を渉猟《しょうりょう》して集めたクセニア関係の事例を分析して、次のような結論を出した。クセニア関係には親族関係に類似した特徴があり、親族間と同様な情愛の存在が想定されている。生まれてきた息子に自分とクセニア関係にある者の名を付けることもしばしばで、また、クセノス同士のいずれか一方が困難に遭遇したときには他方が保護を提供した。クセニアの慣行は、圧倒的に社会の上層の人々のあいだにみられたものであって、非自由人の参与は皆無、女が当事者であることもまれだった。言い換えれば、それはギリシア世界のエリートたちのあいだの慣行であった。したがって、クセニアの当事者たちは対等の立場にあるという相互の認識あるいは幻想のうえに立っていた。二人の社会的地位の差異は、存在したとしてもそれほど大きくはなく、肝腎なのは相手が求める資質をもっているか否かであった。この制度はホメロスの叙事詩に描かれているようなポリス成立以前の時代からローマ時代にいたるまで、ギリシア世界の内部ばかりでなく、カリアやペルシア、トラキアなど、その近隣にまで網の目のように張り巡らされて存続した。

ポリスの成立によっても、クセニア制度の存在が解体されることはなかった。つまり、別々のポリスに所属する二人がクセニアの関係を代々長期的に保持することもあった。このクセニアは、先程も触れた文化人類学における「互酬性」の概念を重ね合わせることによって、はじめて社会制度あるいは社会慣行として存在していたことが判明したのである。これは一つの発見であった。そして、ヘロドトスがその作品で取り上げたさまざまな伝承は、この発見におおいに役立った。ヘロドトスの著作が史料の宝庫であることの一例がここにはある。

4　ヘロドトスの描いた史実

前四八〇年のペルシア軍襲来前夜

ヘロドトスの著作の中心主題は、作者自身が最初に述べているように、第六巻から第九巻までのペルシア戦争の記述である。本章では、戦争そのものの記述に注目し、「嘘つき」とまで評されたヘロドトスの叙述が、史実をどれだけ反映させているのか、一つの事例からこれを考えていきたい。

前四九〇年に最初にペルシア軍がギリシア本土に侵入してきたときには、アッティカ東部のマラトン平野が戦場となり、ここでアテナイ軍がプラタイアイからの援軍とともにペルシア軍を迎え撃ち、大勝した。このいわゆるマラトンの戦いについては、ヘロドトスは第六巻一〇二章から一一七章までに記している。それから一〇年、ペルシアでは前四八六年にダレイオス王が没したあと、その息子クセルクセスが王位に就いていたが、そのクセルクセス王は自らが大軍を率いて、一〇年前の雪辱を遂げようと、アテナイ討伐を名目として前四八〇年春にギリシアへ遠征の途に就いた。クセルクセスは臣下たちの意見を徴し、迷ったすえに、四年のあいだ準備を重ねたうえでの出征であった。第七巻はこのようなペルシア側の遠征までのいきさつから叙述が始まる。

ペルシアの大軍の出征を知ったギリシア側諸ポリスでは、できれば戦争に関与したくない、あるいは、ペルシアに加担して滅亡を避けようとする人々も多く、恐慌状態に陥った。そうしたなかで、アテナイはデルフォイに神託伺いの使節を派遣した。巫女《ピュテイア》の口から出た神託は、敵軍によって国は蹂躙《じゅうりん》されるのだから、地の果てまで逃げよ、というものだった。危機迫るなかで、首を長くして神託を待ち受けている祖国の同胞たちに、このような報せをどうして持ち帰ることができようか。このままでは帰国できないと嘆く使節は、嘆願のオリーヴの枝を携えて、再度神託を伺った。そこで出された神託は、ゼウス神は木の砦を唯一の救いとして賜るだろう、ということだった（第七巻一四一章）。

神託の意味するところがよくわからないままに、使節はこれを携えて帰国した。アテナイでは、神託が何を意味するのか、議論が百出した。とくに、木の砦については、その昔アクロポリスは生垣に囲まれていたので、アクロポリスを指しているという意見と、船を指しているという意見とが対立したが、結局、テミストクレスの意見に従い、木の砦とは船であろうということになり、国の総力をあげ、海戦でこの危機を乗り切ろう、と決定された（第七巻一四四章）。市民たちが軍船に乗り組んで戦うための準備が始められた。志を同じくする他のギリシア人にも協力を仰ぐことになり、諸ポリスがコリントス地峡に集まり、協議の結果、ポリス間の抗争はいったん解消し、一致協力してペルシアを迎え撃とうということにな

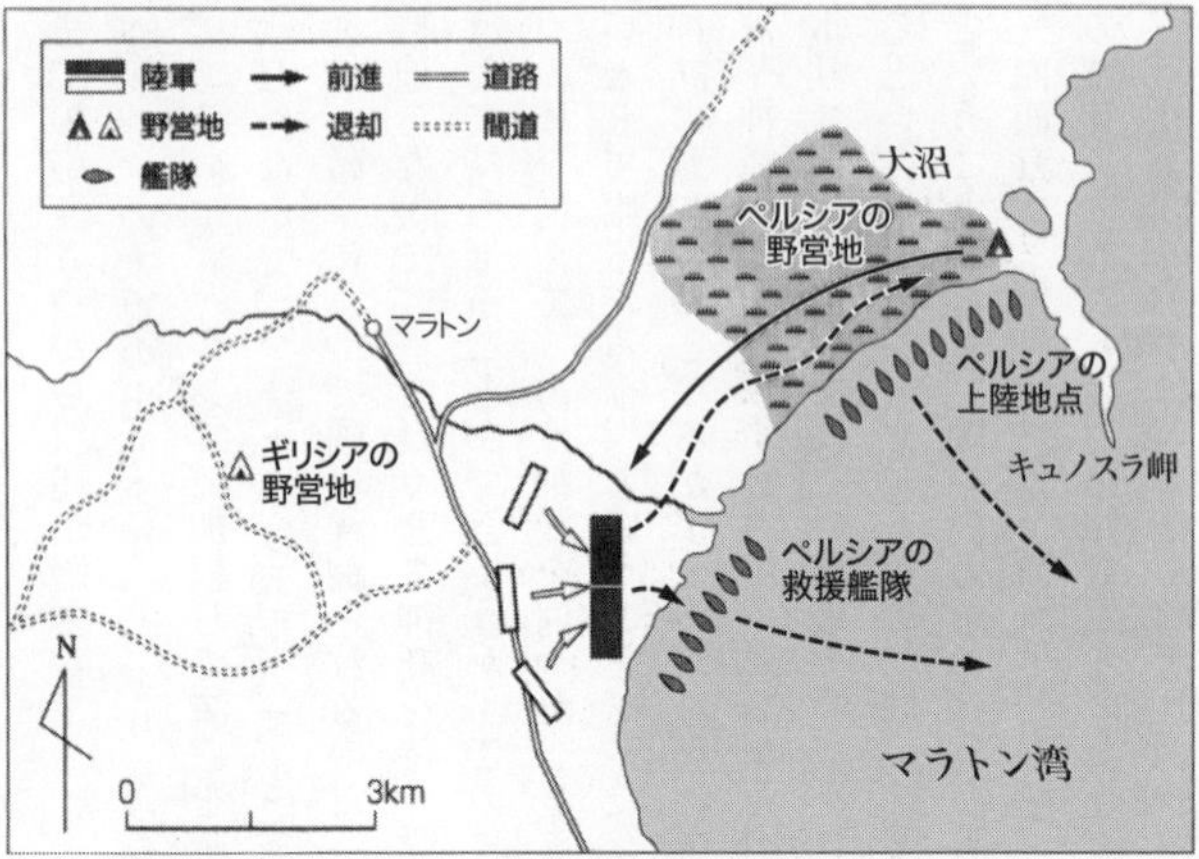

マラトンの戦い

ギリシア兵とペルシア兵を描いた陶器画。2回にわたるペルシア戦争での勝利の結果、ギリシア人はペルシア人をバルバロイ（意味不明の言葉を話す人々の意）と呼んで蔑視し始める。

ダレイオスとクセルクセスの像。上は首都ペルセポリスの儀式用の宝物殿に刻まれたレリーフで、ダレイオスが臣下の拝跪を受けている。ダレイオス王はキュロス大王の築いたペルシア帝国をさらに隆盛に導いたが、ギリシア本土への遠征を企て失敗した。下はダレイオスの息子で王位を継承したクセルクセス。為政者として父王にははるかにおよばず、大規模の遠征軍を直接指揮してギリシアへ乗り込んだものの失敗し、国内でも騒擾があいついだ。

った（第七巻一四五章）。

ギリシア諸ポリスは、シケリア（シチリア）、ケルキュラ、クレタへ支援要請の使節を送ったが、それぞれ明確な支援の約束は得られなかった。テッサリアは逡巡しながらも作戦によってはギリシア側につく予定だったが、ギリシア諸ポリスの連合が要請に従ってテッサリアに陸海軍を送ったものの、数日でコリントスまで戻ってしまったのをみて、ペルシア側を支援することとなった。一方、コリントスまで引き上げたギリシア連合軍は、テルモピュライに陸軍を派遣し、近接するアルテミシオンに海軍を派遣することを決定した（第七巻一七五章）。両地点で、ペルシアの陸軍と海軍を迎え撃ち、撤退させるという戦略である。

テルモピュライの戦い

テルモピュライの地峡でペルシア陸軍を迎え撃つための作戦は、スパルタ王レオニダスの指揮のもとに立てられた。史上に名高いテルモピュライの戦いは、第七巻二一九章から二二八章に叙述されている。敗色濃い戦場の様子をヘロドトスは思いを込めて描いている。

レオニダスは、選《よ》りすぐりのスパルタの兵士「三〇〇名」を率いてこの地峡に陣取った。他のペロポネソス同盟軍も加わった。そこに、ペルシア軍が間道を通って近づいてきているとの情報がもたらされ、さらに、臓物《ぞうもつ》占いも死を予告していたため、戦いが絶望的な結果に終わるとの予感を誰もが抱いたのだった。戦線を守るべきか、撤退すべきかの議論が交わさ

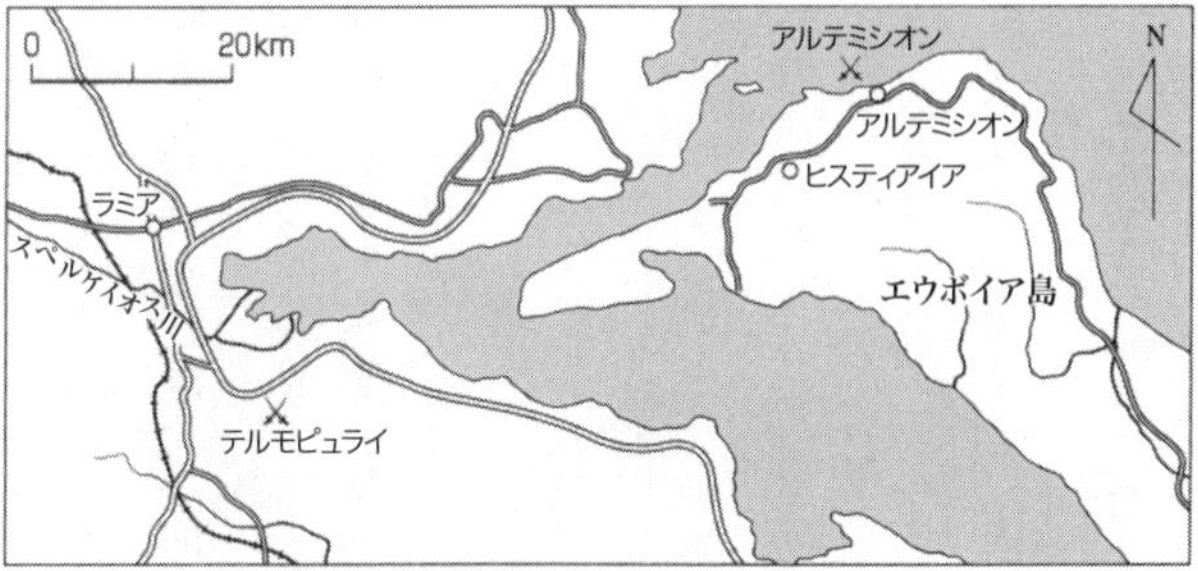

テルモピュライとアルテミシオン。陸上はテルモピュライ、海上はアルテミシオンを迎撃の地とした作戦は、テルモピュライにおけるペロポネソス軍の死闘のうえの全滅によって放棄され、戦場はサラミス水道へと移る。

スパルタ戦士の像。スパルタ市民は、日常の訓練と節制により鍛え上げられた屈強の兵士と自他ともに認める存在だった。このブロンズ像ではスパルタ兵士に特徴的な長い巻き毛が兜の下から覗いている。

れた。結局、レオニダスが撤退を命じた同盟諸国の軍は立ち去り、レオニダスの指揮するスパルタ軍と自らすすんで残ったテスピアイ軍、それにレオニダスによって強制的に残留させられたテバイ軍とがこの地峡に残り、敵軍を迎え撃つことになった。

それは必死の戦いであった。兵士たちは、槍が折れれば刀で戦い、最後には短剣や素手で、はては歯で嚙《か》みついて戦ったが、ついに全員が討死した。ペルシア軍も多数の戦死者を出し、クセルクセス王の兄弟二人もこの戦闘で戦死している。戦死者たちはその地に埋葬され、墓碑が建てられた。その墓碑銘をヘロドトスは引用している。

かつてこの地にてペロポネソスの四千の兵、
軍勢三百万と戦えり

また、スパルタ兵士たちのためには別の碑銘も刻まれた。

外《と》つ国のお方、スパルタびとらに伝えてほしい、おん身らの命に従いて、
われらはここに討ち果てたと。

陸軍大国スパルタの栄光を背に、壮絶な戦いのすえに戦死した兵士たちの、死の際に祖国

に馳《は》せた哀切な思いが伝わってくるのではないだろうか。

一方、アルテミシオンに集結したギリシア側軍船の総数は、ヘロドトスによれば、五十櫂《かい》船《せん》を除き二七一隻だった。うち、アテナイの軍船は一二七隻で、数日後にさらに支援の五三隻が到着した。ところが、ヘロドトスによれば予期した以上の規模のペルシア海軍に動揺したスパルタの指揮官やコリントスの指揮官は、その地からの撤退を考え始めた。それを引き止めたのは、アテナイの指揮官テミストクレスだった。こうして、ペルシア、ギリシアの両海軍は激突し、一日、二日と戦闘は続いた（第八巻一章〜一四章）。三日目の夕刻、その日の戦闘が終わったところに、テルモピュライの陸戦の結果を伝える使節が到着した（第八巻一五章〜二一章）。

テルモピュライのペロポネソス軍が全滅し、地峡の防衛線は突破された。陸海両面での連携作戦の一方が破綻してしまっては、アルテミシオン沖でペルシア海軍を撃退する作戦も無効となる。急遽《きゅうきょ》アルテミシオンのギリシア連合海軍は、コリントス軍が先頭、アテナイ軍が最後尾に位置して撤収を始めた。めざす撤収先は、アテナイ軍が要請したサラミス島だった。アテナイがペロポネソス軍にサラミスに向かうよう要請した理由を、ヘロドトスは、女や子どもをアテナイの国土アッティカから避難させるためと、さらにはその後にとるべき方策について考慮するゆとりが欲しかったから、と記している（第八巻四〇章）。

ペロポネソス軍としては、コリントス地峡でペルシア軍を迎撃して、ペロポネソス半島を

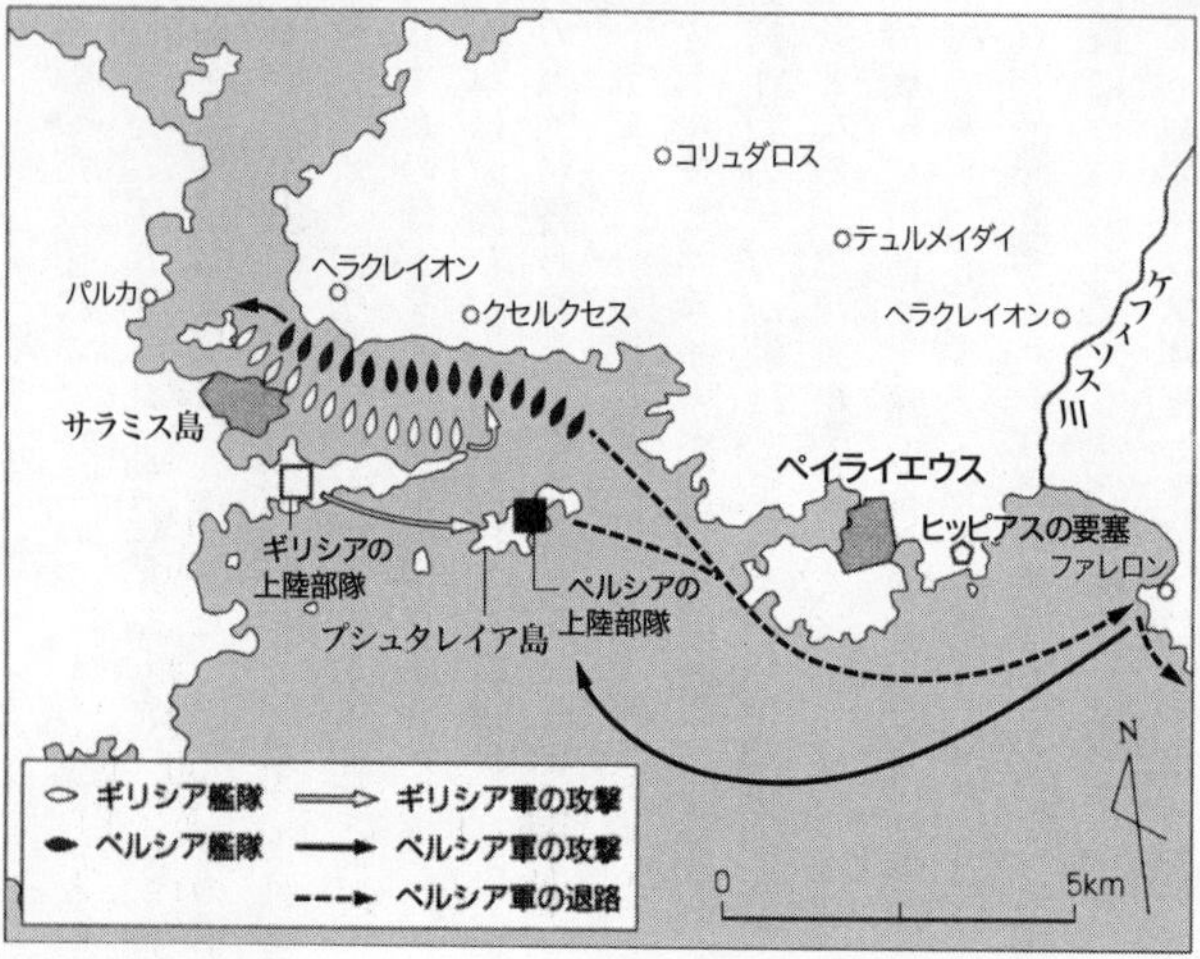

サラミスの海戦

守り抜こうという思惑があったらしく、アテナイはその情報を得たため、もしそうなった場合、アテナイ本国がペルシア軍の矢面に立つことになってしまうという惧《おそ》れから、とりあえずサラミス島への航行を申し出たのだった。そこで、他の部隊はサラミスに向かい、アテナイ部隊は自国へ向かった。

いよいよ、歴史に名高いサラミスの海戦へと戦場は移動する。しかし、ここでは本章の初めに提示したヘロドトスの叙述と史実との関係、という問題に移ることにする。というのは、以上のようなヘロドトスの記述と、一部は一致するが、一部は相違する内容の碑文が一九五九年に発見されたことで、研究者たちのあいだで議論が巻き起こることになったからである。

テミストクレスの民会決議

ペルシア軍の二回目のギリシア遠征が始まった前四八〇年、アテナイではクレイステネスの改革によって国制が民主政へと移行してすでに三〇年近くが経過していた。一〇年前のマラトンの戦いでペルシア陸軍に大勝した自信も加わり、アテナイの一般民衆の発言力は高まる一方であった。そのような民主政のもとでは、ペルシアの大軍の二回目の侵攻にあたってどう対処するか、方針を決定するのは、国の最高議決機関たる民会であるはずだ。そして、その民会決議が発見されたのである。

今その決議を刻字した石柱（ステーレー）は、アテネの国立碑文博物館に展示されている。高さ〇・五九五メートル、幅は上端が〇・三四メートル、下端が〇・三七五メートル、厚さは最上部が〇・〇六五メートル、最下部が〇・〇八五メートルのこの石は、一九五九年にジェイムスン博士によって発見された。左側約半分は損傷が激しく解読が難しかったが、今は亡きスタンフォード大学教授ジェイムスンによって復元された決議文を以下に和訳しておこう。

評議会および民会決議

フレアリオイ区の人ネオクレスの子テミストクレスの動議

国土〔守護〕のために夷狄《いてき》の民を防ぎ、撃退せんと、アテナイをしろしめすアテナ女神および他のすべての神々に国《ポリス》を委ねるべきこと。全アテナイ市民とアテナイ在住の外人とは子どもと妻とをトロイゼンに疎開させるべきこと……（二一字欠）……国土始祖の。老人と家財とはサラミスに疎開させるべきこと。財務委員と女神官とはアクロポリスに留まり、神々の聖財を守るべし。他の成年に達した全アテナイ市民と外人とは艤装《ぎそう》をすませた二〇〇隻の軍船に乗り込み、夷狄を撃退すべきこと。自己と他のギリシア人との自由のために。ラケダイモン人、コリントス人、アイギナ人および危機をともにせんと欲する他の諸ポリスとともに。将軍たちは明日から始めて、アナテイに土地・家屋を所有し、嫡子があり、五十歳に達せざる者のなかから各船一人ずつ、計二〇〇名の艦長を任命し、彼らに軍船を割り当てるべきこと。また、各船に一〇人の海兵を二十歳から三十歳の者のなかから選び、また弓兵四人を選ぶべきこと。これら戦闘員を各軍船に抽選によって選び、艦長も抽選で配属すべきこと。将軍たちは他の者たち（漕《こ》ぎ手など）を各船ごとに白板に記すべきこと。アテナイ人は市民表より、外人はポレマルコスのもとの登録票に基づいて。〔これらの者を〕一〇〇名ずつ二つの組に分けて記し、各組がどの三段櫂船に搭乗するかわかるように、各組について三段櫂船名、艦長名、戦闘員名を添え書きすること。すべての組が編成され、三段櫂船抽選により配属されたならば、評議会と将軍団とは全能のゼウスとアテナ、ニケ、安全神ポセイドンとに神慮祈願の犠牲を捧げたのちに全軍船二〇〇隻

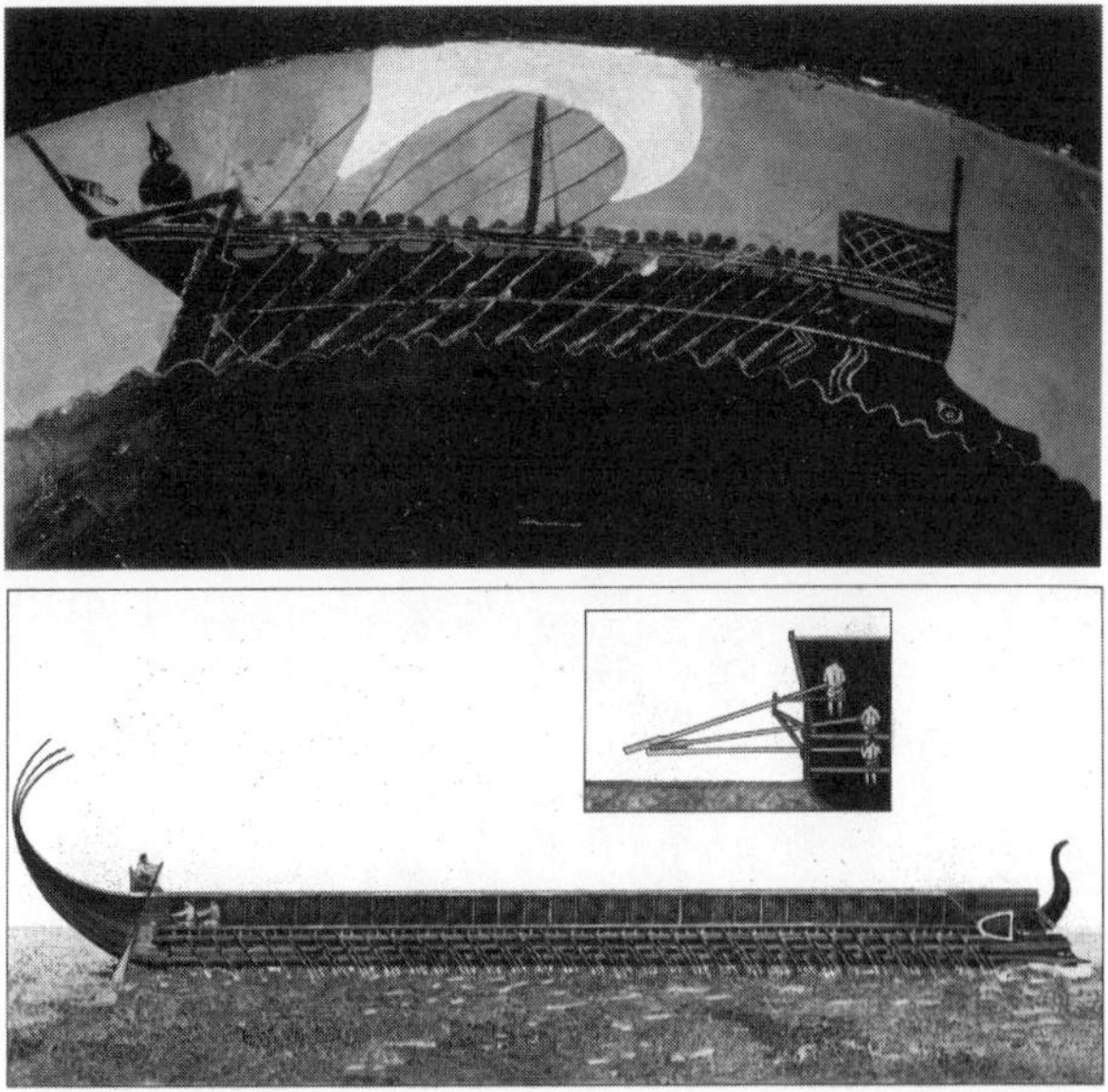

三段櫂船。多数の漕ぎ手を乗せて船足を速めるとともに、敵船と相対したときには、すばやく船の方角を変えられるよう船体を小さくする必要から、軍船は三段に漕ぎ手が座り、合図とともに一斉に漕ぐ形状をとるようになった。

に乗り組ませること。全隻兵員充当完了のとき、うち一〇〇隻でもってエウボイアのアルテミシオンへと支援出動し、他の一〇〇隻でサラミスおよび他のアッティカ海上に待機し、国土を警護すべきこと。全アテナイ人が協調して夷狄を撃退するように、一〇年間の追放刑に処せられた者はサラミスに来たりて、その処遇について民会の決議があるまでその地に留まること。

碑文の文言から、これが第二回目のペルシア軍襲来の直前に出されたアテナイ民会決議であることは明らかである。そこには、「子どもと妻」をトロイゼンに、老人と家財はサラミス島に疎開させる、という記述がみえる。先程紹介したヘロドトスの記述内容では、アテナイ人たちは、アルテミシオンから撤退後に女や子どもをどうするか、方策を考えなければならなかったとあるから、それでは、この碑文は軍船がアルテミシオンから撤退したあとに開かれた民会での決議ということになるのだろうか。ところが、碑文の民会決議には、全軍船二〇〇隻のうち一〇〇隻をアルテミシオンへ出動させ、残り一〇〇隻でサラミスとアッティカ海上で待機する、とあって、アルテミシオンとテルモピュライでのギリシア軍とペルシア軍の激突よりも前に出された決議であると解さないと、つじつまが合わない。ヘロドトスの記述とこの碑文の内容とのあいだの食違いは明らかである。

また、アルテミシオンへ出動したアテナイの軍船は、ヘロドトスによれば都合一八〇隻とあるが、この碑文では一〇〇隻である。しかし、この違いは、実際のペルシア海軍の規模をみて、予定が変更されたと考えれば、問題はない。だが、この碑文そのものにも疑問点が少なくない。

というのは、碑文に刻まれたこの決議には、用語や言葉の言い回しに同時代つまり前五世紀前半にはありえないものがあるのだ。以下に列挙してみよう。

(1)　第二行目のテミストクレスには、フレアリオイ区の人ネオクレスの子というように所属の区と父親の名前とが添えられている。アテナイの公文書では、議案提案者の名前にこのように所属デーモス名と父親の名を付記することは、前三五〇年以前には慣例として存在していなかった。

(2)　ここで「アテナ女神に」と訳した原語は tei Athenai で、主格 he Athena の与格であるが、これは前四世紀の語形であって、前五世紀には主格は he Athenaia、与格は tei Athenaiai となるのが普通だったのではないか。たとえば、アリストファネスの喜劇『騎士』七六三行には tei despoinei Athenaiai とあり、前四三四ないし前四三三年の碑文にもはっきりと tei Athenaiai とある。それにもかかわらず、このテミストクレスの決議では前四世紀の語形でアテナ女神を表現している。

(3)　軍船の艦長（トリエラルコス）になる者の条件として「アテナイに土地・家屋を所有し、嫡子があり、五十歳に達せざる者」とあるが、そもそも前四八〇年の時点で嫡子

(paides gnesioi) とことわる必要があっただろうか。たんに「子ども」(paides) で差し支えなかったはずではないか。

(1)(2)については、前四世紀にこの決議が再び脚光を浴びたときに、その時代の人々に身近な表現に置き換えられたのだと説明できよう。(3)については、事は婚姻制度にかかわるので話が複雑になるが、アテナイの婚姻制度において、一夫一婦制はクレイステネスの改革のち間もない前六世紀の末に成立していたとみなす立場(拙稿「ポリス社会における家族と女性」『古代ギリシア社会史研究』一四九〜一五二頁参照)からいえば、軍船に搭乗する市民を家の跡取りとなることのできる嫡子をもつ者に限ることは、なんら不思議はない。古代ギリシアの市民にとって家(オイコス)の存続は何よりもの大事であった。したがって、跡取り息子なしで戦場に出かけるのは家の断絶を招く恐れがあり、それはポリスにとってもその存亡にかかわる重大事であったから、船長となる者にこのような条件が付くことについては至極当然といってよいだろう。

「テミストクレスの決議」にはほかにも何箇所か時代錯誤といわれても仕方のない表現があるのだが、ここではこれ以上の紹介は控えておこう。だが、今までに触れた点を含めいくつかの問題点が見出されるため、碑文が発見された翌年の一九六〇年に、校訂テクストが発表された直後から、この「テミストクレスの決議」をめぐり、真贋《しんがん》論争が始まったのである。

真贋論争

この真贋論争は、少々込み入っていて、今なお最終的な決着はついていない。ただし、真贋論争といっても、近代になってから贋作《がんさく》を捏造《ねつぞう》したなどというような単純な話ではない。

真贋論争の発端は、まず何よりもその字体にあった。碑文の字体が前四八〇年頃のものでないことは、一見して明らかである。現在ではそれが前三世紀の字体であることに、第一発見者ジェイムスン教授も含め、誰も異論を挟む者はいない。もっとも、この字体と内容のズレについては、オリジナルな決議を前三世紀に復刻したのだ、と解釈すれば問題は解決する。ところが、字体ばかりではなく、このテミストクレスが動議して民会で決議されたことそのもの、つまり「テミストクレスの決議」そのものが前四八〇年には存在しなかったのではないか、という疑問が出された。

その疑問の根拠は、「テミストクレスの決議」という言葉は、前四世紀半ばの文献のなかではじめてあらわれるにすぎず、それ以前にはこの決議への言及は残存する文献には存在しない、ということにある。ヘロドトス自身もテミストクレスがこの件に関して民会に提案した、などとはまったく述べていない。たしかに、「テミストクレスの決議」の存在が最初に文献にあらわれるのは、前四世紀の大弁論家デモステネスによる『使節について』という弁論のなかである。デモステネスは次のようにいう。

「フィリポスはギリシアとペロポネソスを結集させようとしているのに、諸君は眠っている」と叫んだのは誰だ？　あの長く美しい演説を市民たちに語り、ミルティアデスの決議とテミストクレスの決議を読み上げたのは誰だったか？（『デモステネス第一九弁論』第三〇三節）

この弁論『使節について』は前三四三年に、デモステネスが政敵アイスキネスを告発した裁判のために書かれたもので、そのなかで、原告は被告アイスキネスが、マケドニアのフィリポス王に懐柔《かいじゅう》され、祖国を裏切り、王がギリシア中部へと支配の手を伸ばすのを結果的に助けてしまった、と非難する。引用した箇所は、前三四八年にアイスキネスが民会で読み上げた演説を振り返ってデモステネスが発した問いである。そのときの演説でアイスキネスは、前四九〇年と前四八〇年にペルシアの大軍を撃退した父祖たちの偉業を思い出させようと、「ミルティアデスの決議」と「テミストクレスの決議」を読み上げて、アテナイ市民たちに呼びかけ、結束してフィリポス王と戦おうと鼓舞したではないか、とデモステネスは述べて、アイスキネスをなじっているのである。

前四世紀も半ばを過ぎた当時のアテナイの政治状況について、ここで詳細に解説するゆとりはないが、すでに北方のマケドニア王国が台頭し、フィリポス王がギリシア世界へ支配を拡大していた頃である。アテナイ人の一部には、ペルシア戦争の頃に祖先たちが果敢にも東方の大国に対抗して勝利した、あの栄光を思い出して立ち上がろうという気運が生じていたが、一般市民の反応は鈍かった。傭兵使用が一般化し、自分たち自身が戦場に赴くことには乗り気ではなかった。そのような状況のなかで「テミストクレスの決議」が前面に打ち出されたのだ。はたして、その「テミストクレスの決議」は、前四八〇年当時の決議をどこかから持ち出してきて読み上げられたのだろうか、それとも、眠ったように覇気《はき》のないアテナイ人を鼓舞するために、前五世紀初めに果敢にもペルシア軍を撃退した祖先の偉業を思い出させようと、前四世紀になってから捏造されたのだろうか。

テミストクレスの決議碑文を贋作だと主張する研究者たちは、マケドニアに対抗するアテナイ人の精神を高揚させ、彼らを奮起させるために捏造されたもので、それがさらに前三世紀になんらかの理由でステーレーに刻まれたのだ、と推測する。真作説の立場の研究者たちは、ジェイムスンを含め、前四八〇年の決議がなんらかのかたちで伝承されていた、と考える。テミストクレスの決議は、前四世紀の語法や表現を取り入れて一部変更を加えられたりしたが、前四八〇年に民会で決議されたことは事実で、その決議の真髄はそのまま前四世紀に伝えられ、それがマケドニアの脅威が迫るアテナイの政治的指導者の注意を引き、民会で読み上げられた、という解釈をとる。その民会で読み上げられた決議がなんらかの理由で前三世紀に再刻された、と推測する点は、贋作説の研究者と同じである。

私はすでに(3)で述べたことからお察しのように真作説をとる。そして、テミストクレスの決議の条文とヘロドトスの記述とが一部矛盾しているのは、かえって、この決議が本物であることを示しているのではないかと考える。もし、前四世紀に捏造しようとすれば、当時一般に親しく読まれていたヘロドトスの作品と内容が一致するように決議をつくりあげたであろう。ところが、すでにみたように、両テクストには食い違うところが少なくない。これこそ、「テミストクレスの決議」が前四八〇年に実在していたことの証しといえるのではないだろうか。

しかし、贋作説も今なお根強い。最近では、ブレセルが贋作説を主張している。おもしろいことに、贋作説の立場をとるのはドイツの研究者に多く、アメリカの研究者には真作説主張者が多い。発見者がアメリカのジェイムスンで、いち早く贋作説を出したのがドイツのヘレニズム時代研究者のハビヒトだからなのか。この傾向あるいは偏向は、真贋のどちらの見解をとるかきわめて微妙なほどに、碑文そのものが決め手に欠けていることを示しているともいえる。ただし、イギリスのオクスフォード大学出版局から一九六九年に刊行された、ギリシア碑文の碩学《せきがく》メグズとルイスの編集になるギリシア碑文選集第一巻（MLと略記）にはこの決議が前四八〇年の碑文として収められていて、両編集者が真作説を採っていることが知られる。

二〇〇一年に刊行された著書で、ブレセルはハビヒトの見解を踏襲するとともに、ヘロドトスの記述との齟齬《そご》をさらに指摘する。ただし、正しいのはヘロドトスの記述であるという前提のもとに、それを基準に「決議碑文」に見出される齟齬を贋作説の根拠として出す方法は、旧来の方法の踏襲にすぎない。真贋のどちらの説に与《くみ》するか、決定的な決め手には欠けることはすでに述べたが、気づいたことがもう一つある。この決議はデルフォイの神託に触れていない。ヘロドトスが述べている、あの「木の砦」の神託である。ところが、前五世紀後半以降のアテナイの民会決議には、神託に従って決議したという文言が冒頭に掲げられた碑文が少なからず存在している。もし、このテミストクレスの決議が前四世紀の捏造だとすれば、ヘロドトスに述べられている神託に決議のなかで言及したに違いないと思われる。その言及がないことにこそ、作為のなさをみて真作説を採ることができるのではないだろうか。

モニュメントとしての決議碑文

さらにもう一つ、解決すべき問題は、この碑文の出土場所がトロイゼンであることだ。トロイゼンは、ペロポネソス半島の北東部をなすアルゴリス半島の東端に位置するポリスである。なぜ決議碑文はこのトロイゼンから出土したのだろうか。決議の本文をもう一度ご覧いただきたい。そこに「子どもと妻とをトロイゼンに疎開させる」とある。そのとおりにトロイゼンは前四八〇年にアテナイの子どもと妻の疎開先となった。アテナイとトロイゼンとは神話のうえで因縁深い関係にあった。アテナイの神話上の王テーセウスはアテナイ王アイゲウスとトロイゼンの王女アイトラーとのあいだに生まれた子だからである。この因縁があるからこそペルシア軍襲来の際にトロイゼンは、アテナイの女や子どもを受け入れたのだろう。

トロイゼンは彼らの受入れを招致しただけではない。プルタルコス『テミストクレス伝』によれば、受け入れた女や子どもたちを国費で扶養したばかりでなく、子どもたちに教育を授ける教師の謝礼金も負担した。こうしてトロイゼンはペルシアの大軍撃退におおいに貢献したのである。トロイゼン人はこれをたいそう誇りに思っていたらしい。後二世紀の旅行家パウサニアスは、次のようにいっている。

〔トロイゼンの〕広場《アゴラ》の列柱館《ストア》には婦女子の石像がならんでいる。これらの婦女子は、アテネ市民が自分たちの町を放棄するばかりか、地上軍をもってしては攻め寄せるペルシア軍を迎撃しないとの方針を採択したので、安全をはかって彼女らをトロイゼンの人びとに託したのであった。(第二巻三一章。馬場恵二訳)

この記述から、トロイゼンを訪れたパウサニアスが、アテナイから疎開してきた女や子どもたちの群像を広場で目撃したことは、確かである。トロイゼンは、前四八〇年に疎開者を受け入れたことを誇りに思い、その記念にこの群像を設置したのだろう。もしかしたら、パウサニアスは群像を目にした際にこの決議文も読んで、いま引用した文章を著したのかもしれない。

群像設置の年代は不明であるが、トロイゼンはなんらかの必要があって、前三世紀にテミストクレスの決議を刻字したステーレーを、この群像の近くに立てたのであろうと推測されている。群像も前三世紀に設置されたのかもしれない。それでは、どのような必要があって前三世紀にこの決議を刻したステーレーを設置したのだろうか。たとえば、ヘレニズム時代にはいったギリシアでは、かつてポリスの成立が遅れ、後進の地とみなされていた地域で、ポリスよりも広い枠組みの政治組織が形成され、マケドニアやローマと対抗していた。ペロポネソス半島北部で勢力を誇ったアカイア連邦は、前二五一年に加盟したシキュオンの政治家アラトスが指導者となって実権を握ると、反マケドニア政策を積極的にとる。一時マケドニアに支配されていたトロイゼンは、その支配から脱して前二四三年にアカイア連邦に加盟した。このような経緯とテミストクレスの決議の設置が関係しているかもしれない。だが、私たちには伝えられていないさまざまな出来事もあったはずであるから、われわれの手持ちの材料だけで推測することは、有効な結果をもたらすとは思えない。

ここでは、テミストクレスの決議に戻って、再度その内容に目を向けてみよう。成年市民やアテナイ在住の外人たちを二〇〇隻の軍船に配属するための詳細な指示に続いて、軍船の半分をペルシア海軍に応戦するためにアルテミシオンへ送り出し、残り半分をアテナイ近辺に配置し、国土を警護させる、という作戦が民会で承認されたことが明記されている。この決議にいたるまで民会で激しい議論が交わされたことを推測させる内容である。ペルシアの大軍侵攻を目前として緊迫した空気のなかで開かれた民会で、市民たちが国をほとんど空《から》にして敵軍撃退に臨もうと決意した悲壮なほどの思いが伝わってくるではないか。同時に、ギリシアの自由を守るために諸国に呼びかけ抗戦する覚悟もうかがうことができる。クレイステネスの改革から一七年、民主政の定着が進むなかでの、一般市民たちの意気軒昂《けんこう》たる姿勢が偲ばれる内容である。

では、この決議の内容とヘロドトスの記述に食違いがあることについては、どのように解すべきであろうか。前四八〇年に民会をとおった決議はどこかに保管されていたのだろうが、在留外人のヘロドトスには参照が許されなかったのかもしれない。そうであれば、約五〇年後にヘロドトスが伝聞によってこの作戦を叙述した際に、事実との齟齬が生じた可能性はあろう。

あるいは、ヘロドトスの作為をそこにみることもできるかもしれない。決議碑文は、提案者テミストクレスの鋭い洞察力の証しとなっている。アルテミシオン沖でペルシア海軍と戦闘を交わす以前にすでに、女や子どもをトロイゼンに疎開させ、国土を空にする作戦をテミストクレスは立てたからである。ところが、ヘロドトスの叙述によれば、女や子どもの疎開はアルテミシオン沖での海戦が続くなか、テルモピュライでの敗北が決まったあとのことと伝えている。その場合、テミストクレスの洞察力は目立たなくなってしまう。そこで気づくのは、ヘロドトスがテミストクレスに好意を抱いていなかったと推測されることである。

アルテミシオンにギリシア連合海軍が集結したとき（七三頁参照）、ヘロドトスによれば予期した以上の規模のペルシア海軍にペロポネソス諸ポリスの指揮官たちが動揺し、撤退を考え始めた。撤退を引き止めたのは、テミストクレスだった。彼はアルテミシオンでの防戦を切望するエウボイアから三〇タラントンを受け取り、その一部をスパルタ指揮官やコリントスの指揮官に金の出所を告げずに賄賂《わいろ》として渡し、引止めに成功、残った金は着服した、とヘロドトスは述べる（第八巻四章〜五章）。これは事実であったのかもしれないが、テミストクレスに対するヘロドトスの批判が込められている記述ではある。

さらに、ヘロドトスがテミストクレスに対して好意的でないのは、テミストクレスの最期と関係しているのかもしれない。なぜなら、彼はペルシア王アルタクセルクセスのもとに亡命し、王から領地として与えられたイオニア地方のマグネシアで前四五九年に没しているからである。

もう少し詳しく述べれば、テミストクレスは、前四八〇年にアッティカへ侵入したペルシア軍によって破壊された中心市を取り巻く城壁の再建に取りかかり、アテナイが防備を固めることに警戒をつのらせるスパルタの意向に逆らって、猛スピードで計画を達成、さらに、のちにエーゲ海随一の港湾都市となるペイライエウスを防御する城壁も完成させた。なお、このペイライエウスはテミストクレスがアルコン（執政官）であった前四九三ないし前四九二年に建設が着工された新しい港であって、以前はペイライエウスよりもやや南東に下ったファレロンが主要港として使用されていた。このように、テミストクレスは多方面で鋭い洞察力を発揮したのだが、そのゆえもあってかアテナイ市民たちはその権力増大を恐れて、彼をオストラキスモス（陶片追放）に処したのである。

オストラキスモスとは、クレイステネスの改革後に導入された制度で、僭主《せんしゅ》となる恐れのある者がいた場合、市民たちは陶片にその人物の名を書いて投票し、多数決で追放を決定する。追放処分を受けた者は、一〇年間アテナイを離れなければならないが、その後は帰国して、かつてと同様に市民としての生活を送ることができた。亡命中も彼の財産は温存され、没収されることはなかった。

さて、アテナイから追放されたテミストクレスに、スパルタはペルシアと内通したとの嫌疑をかけ、アテナイに彼の処罰を求めた。アテナイはそれに呼応して追っ手を派遣する。スパルタと祖国アテナイの追っ手を逃れて、テミストクレスは各地を転々としながらペルシアにたどりつき、当時の王アルタクセルクセス（在位前四六五～前四二四）に迎え入れられた。王から下賜されたマグネシアで前四五九年に没するまでの彼の晩年は、トゥキュディデスの書の第一巻一三五章～一三八章に語られている。テミストクレスのこのような晩年のあり方は、同じイオニア地方の祖国ハリカルナッソスを離れてその後の人生を送ったヘロドトスにとって、好感をもてないものだったのかもしれない。祖国の僭主政を倒したヘロドトスが僭主政に否定的であったことは間違いなく、また知られるかぎり、彼は生涯を通じて権力者の庇護に頼ろうとはしなかったからだ。

そうであれば、ヘロドトスがテミストクレスの提案による疎開作戦について過小評価しようとした動機も、十分理解できるのではないか。おもしろいことに、藤縄も、テミストクレスの決議が成立するよりも前にコリントス地峡で開かれた会議の記述について、そこではテミストクレスの意見がとおったに違いないにもかかわらず、まるで自動的に意見が一致したかのように叙述されていることについて（第七巻一四五章一）、ヘロドトスはテミストクレスの人柄を嫌っていたから、彼の功績を目立たせたくなかったのであろうか、とつぶやくように一つの仮説を出している（『歴史の父　ヘロドトス』二九七〜三〇一頁）。

ヘロドトスは、意識的にしろ無意識的にしろ、テミストクレスの際立った洞察力が目立たないような叙述をしたのだろう。それはちょうど、先に紹介したクロイソスとソロンとのエピソード（三三〜三六頁参照）のように、聞く者（読む者）にとっておもしろいと思われる内容に、少々の改変であればとくにこだわることなく、変更を加えたことと相通じる操作である。歴史家としては批判されるべき行為だが、ヘロドトス執筆時に、歴史家というものはまだ存在していなかったことを忘れるべきではない。以上のように考えるならば、テミストクレスの決議碑文は贋作ではない、ということができるのである。

ペイライエウスの包囲。アテナイは前５世紀にはスパルタと並ぶギリシア世界の最強国となり、エーゲ海交易の中心としてペイライエウスは重要性を高めるばかりだった。しかし、ペロポネソス戦争末期にペイライエウスはリュサンドロス率いるスパルタ艦隊に包囲され、海外からの食糧供給の道が閉ざされたため、餓死者が出るにいたり、アテナイは降伏した。メアリ・エヴァンズ・ピクチュア・ライブラリの歴史絵画。

（左頁）オストラキスモスの陶片。オストラキスモスは、民主政に反する単独支配者の出現を防ぐための制度だったが、政争の具に悪用されたため、前５世紀後半には活用されなくなった。写真は、同じ書き手によるテミストクレスの名が記された複数の陶片。

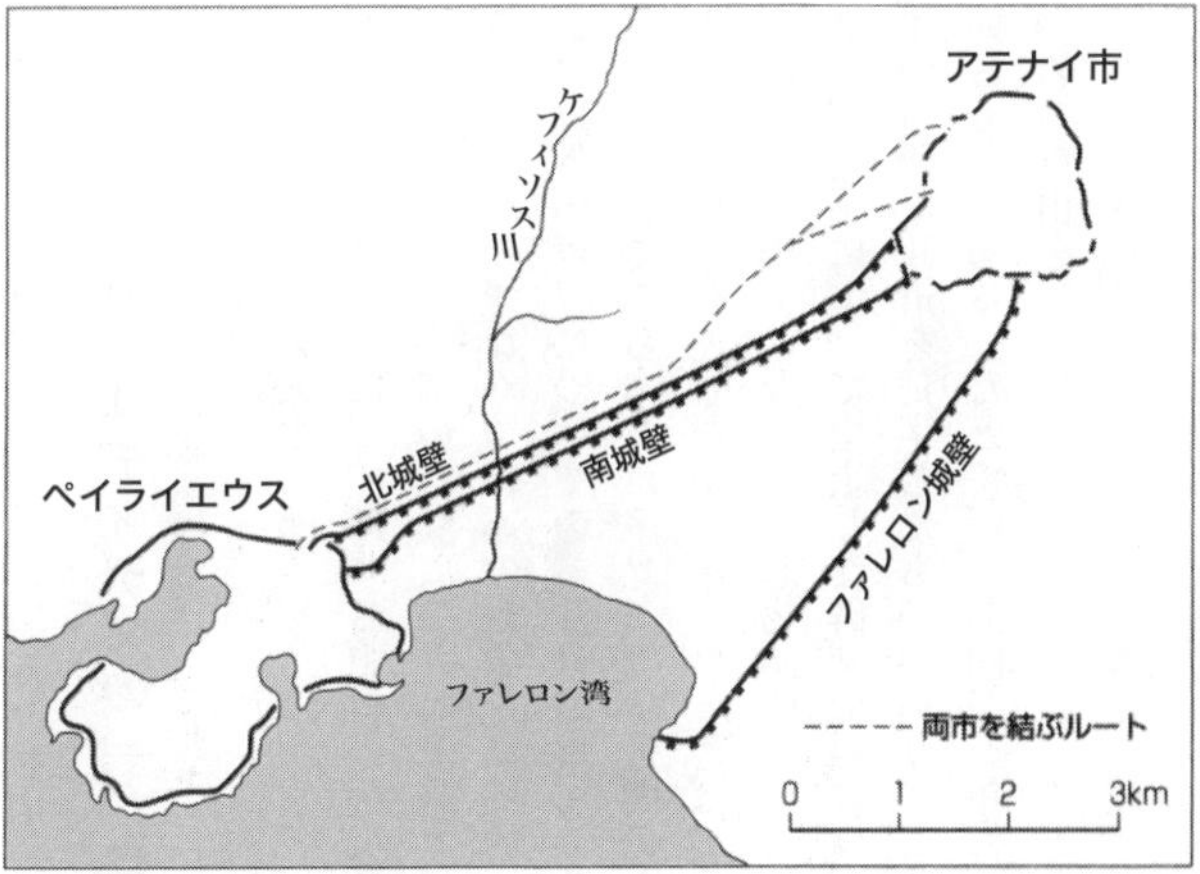

ペイライエウスとファレロン。それまでのアテナイの主要港はファレロン湾にあったが、防御の点で劣るため、中心市アテナイから7〜8キロメートル南西に位置し、三つの湾に恵まれたペイライエウスが選ばれたらしい。

5　トゥキュディデスの「ヘロドトス批判」

トゥキュディデスの史料論

トゥキュディデスは、使用する史料の選択に関して厳密な姿勢で臨む人だった。第一章で引用した第一巻二二章の言葉（二九〜三〇頁）が語っているように、彼は情報の選択に慎重であったばかりでなく、叙述の対象を禁欲的に同時代に限定し、自分が行ったことのないギリシア以外の世界についての言及は避けている。したがって、彼の著作は同時代史であるとともに、主題であるペロポネソス戦争と関係がないと彼自身が判断する事柄は、それを自分で知っていても記述しなかった。たとえば、ヘロドトスの作品ではしばしば登場する女たちは、ほとんど出てこないし、恋物語の一つもない。

また、発掘によって出土した碑文史料には、ペロポネソス戦争とおおいに関係があるアテナイの重要な政策を刻字したものがあり、これについてトゥキュディデスがまったく沈黙しているものもある。たとえば、前四二五年にアテナイでは民会決議で、デロス同盟参加諸国が納める貢租を二倍にすると定められたことが、碑文（ＭＬ六九番）から明らかになっている。これはペロポネソス戦争中の大きな政策変更の一例だが、トゥキュディデスはこれに触れていない。これは、トゥキュディデスの見落しであったのか、あるいは、彼からみればそれほど戦争の帰趨《きすう》に影響を与えなかったから、言及の必要なしと判断した結果であるのか、結論は出ていない。

トゥキュディデスが自分の作品には神話伝承が含まれていないと述べたとき、彼ははたして、誰の作品には神話伝承が含まれている、といいたかったのか。この点について、多くの研究者は、トゥキュディデスは名指しこそしていないがヘロドトスを批判しているのだと考えてきた。ヘロドトスを嘘つきと批判した、最古の古代の著作家として先に触れたクテシアスと同様、トゥキュディデスもまたヘロドトスの作品に含まれている非現実的な物語の数々について批判的であった、とこの記述を根拠にしていわれてきた。私もまた、そのような見方を提示したことがある。

ところが、これには異論も出されている。トゥキュディデスの作品は同時代史であるとすでに述べたが、実際には同時代ではなく、過去にさかのぼって歴史叙述した箇所が少なくとも七例ある。第一巻二章～一九章の、現在「考古学」（アルカイオロギアイ）と呼ばれている、太古以来のギリシアの歴史と、第六巻初めの、シケリア（シチリア）でギリシア人が植民市を建設した前八世紀からの歴史がそれである。過去の歴史を叙述するなかでトゥキュディデスは、「伝説によって知られるかぎりは」（hon akoe ismen）というヘロドトスが用いた表現を使用している。明らかに、過去の時代に関する記述では、トゥキュディデスはヘロドトスの記述法を踏襲している。古代ギリシアの神話伝承を記述したテクストの研究を続けているイギリスのファウラーはそう指摘し、トゥキュディデスによるヘロドトス批判であるとこれまで考えられてきた二九〜三〇頁の引用文は、ヘロドトスに対するものではなく、同時代のソフィストたちの誰かに対する批判ではないか、と推測している。

ヘロドトスの同時代に今は名前のみでその著作が残っていない多数のソフィストたち（サモスのエウガイオン、パロスのエウデモス、二一頁で触れたミレトスのヘカタイオス、等々）が存在していた事実を、ファウラーは断片的に残る史料から導き出し、彼らの事績を追跡した。そして、ヘロドトスも同時代の躍動する思想状況を共有していたことを指摘する。トーマスも明らかにしたように、ヘロドトスは当時のイオニア地方の知的状況から孤立した、特異な存在ではなかったのである。

ヘロドトスやトゥキュディデスの時代は、今は作品が残っていないためにほとんど知られていない多数の著作家たちが出現した時代であったから、名前も作品も残っていないソフィストたちがほかに何人もいたはずである。ファウラーの推測するように、トゥキュディデスの問題箇所の文章はそのソフィストたちの誰かを念頭において書かれたのであって、ヘロドトスを批判したのではないということも十分ありえよう。

ヘロドトスの記述法を模倣しているトゥキュディデスのやり方は、むしろトゥキュディデスがヘロドトスに敬意を抱いていた証左であるのかもしれない。そのような観点から見直してみよう。トゥキュディデスは、ペロポネソス戦争前史である五〇年史《ペンテコンタエティア》を、第一巻八九章から始めている。五〇年史とは、前四七九年にペルシア軍がギリシア本土から退却したときからペロポネソス戦争が始まる前四三一年までの約五〇年間の歴史を指しており、その記述は第一巻一一八章まで続く。

この五〇年史で彼は、ヘロドトスの著作の末尾におかれた前四七八年のセストス攻略に関する記述から始めている。つまり、ヘロドトスが筆を擱《お》いたところから、トゥキュディデスは筆を起こしているのである。このこともトゥキュディデスがヘロドトスを意識していた証拠としてしばしば指摘されてきたが、それもヘロドトスを批判する姿勢よりも、むしろ、ヘロドトスへの敬意に基づく立場の表明とみるべきではないだろうか。ファウラーのいうように、トゥキュディデスは、名前はあげずに、ヘロドトスへの一種のオマージュをその作品のなかで捧げたと考えることもできるのである。

それではトゥキュディデスはなぜそのヘロドトスの名前を一度も作品のなかで出していないのだろうか。尊敬する対象については、直接名指しすることは遠慮して避ける、ということがある。古代ギリシアの場合、神々、とくに女神デメテルを指すときに、デメテルという名を呼ぶのは恐れ多いという理由からか、たんに「女神」とだけ呼びかける場合があった。トゥキュディデスも、彼なりの先輩に対する尊敬の念からヘロドトスの名前を出さなかったのかもしれない。

たしかに、トゥキュディデスの作品はヘロドトスに対するオマージュとなっている、というファウラーの解釈は魅力的である。トゥキュディデスが少し先輩のヘロドトスにオマージュを捧げたという解釈は、美しい話である。しかし、はたしてトゥキュディデスは、先に引用した箇所を執筆していたとき、本当にヘロドトスを念頭においてはいなかったのだろうか。いや、やはり彼はヘロドトスの作品に思いを馳《は》せていたのだろう。それに、批判したからといって、トゥキュディデスはヘロドトスの功績を否定したということにはならない。ヘロドトスの作品を熟知し、彼に敬意を抱いていたことに違いはあるまい。

トゥキュディデスは偉大な先輩の著作を熟読し、それを批判的に継承し、新しい領域の開拓へとさらに歩み出したというべきだろう。それが先に引用（三〇頁）した「事柄の一つ一つについてできるだけ正確に検討を加えて記述することを重視」する姿勢であった。ただし、できるだけ正確に検討を加えて記述する、とはもちろんわれわれ現在の歴史研究者も心がけることではあるが、トゥキュディデスの場合は具体的にどういうことを意味していたのだろうか。

トゥキュディデスの「シケリア遠征」の評価

トゥキュディデスがつねに史実の解明、把握を厳密におこなったのかといえば、必ずしもそうとはいえない。たとえば、シケリア遠征についての記述には、彼自身の思い入れが強くうかがわれる。ペロポネソス戦争がアテナイ劣勢に転じる大きなきっかけとなったシケリア遠征について、ここで簡単に説明しておこう。

前四一五年に始まったシケリア遠征は、二年後に大失敗に終わった。二年間にわたるシケリア遠征には、全部で八巻からなる史書のうちの二巻があてられている。二七年間におよぶ戦争のなかの二年間に割かれたスペースとしては高い比率である。もちろん、この八巻という分け方そのものは、トゥキュディデス本人がおこなったのではなく、ヘレニズム時代以降に始められた分け方であるから、八巻のうちの二巻という言い方は意味がないかもしれない。それでも、他のどの戦闘よりもこの遠征にもっとも多くのスペースが割かれていることは間違いない。

それはどのような理由からだったのだろうか。「シケリア遠征記」はこう結ばれている。

実際、彼らはあらゆる面で完全に敗北し、彼らの被った損失はどの点をみても小さいものではなく、まさに壊滅的といわれるほど、歩兵も船も、破壊されないものはなく、大軍のうち故国に帰り着いたのは、ごくわずかであった。以上がシケリア遠征始末記である。（第七巻八七章）

この箇所とシケリア遠征にあてられたスペースとを勘案すれば、トゥキュディデスは、ア

交易によって繁栄したシケリア最大の強国シュラクサイの遺跡。
シュラクサイは前735年頃コリントス人によって建設された。

テナイにとってペロポネソス戦争最大の敗因はこの遠征だった、と評価しているようにみえる。しかし、第八巻九六章では、トゥキュディデスは別の評価をくだしている。それは、前四一一年夏に、エウボイア島のエレトリア湾沖でアテナイ海軍がペロポネソス海軍に敗北し、エウボイア島のほとんど全島がアテナイから離反してしまった海戦を叙述している箇所である。当時のアテナイでは、すでに前四一三年以来ペロポネソス軍がアッティカ内部に常駐していたため、城壁の外の農地で作業することが不可能となっていた。したがって、食糧はすべて国外からの輸入に頼っていたのだが、とくに近距離のエウボイア島は資源調達の土地としてアテナイにとってこのうえなく貴重

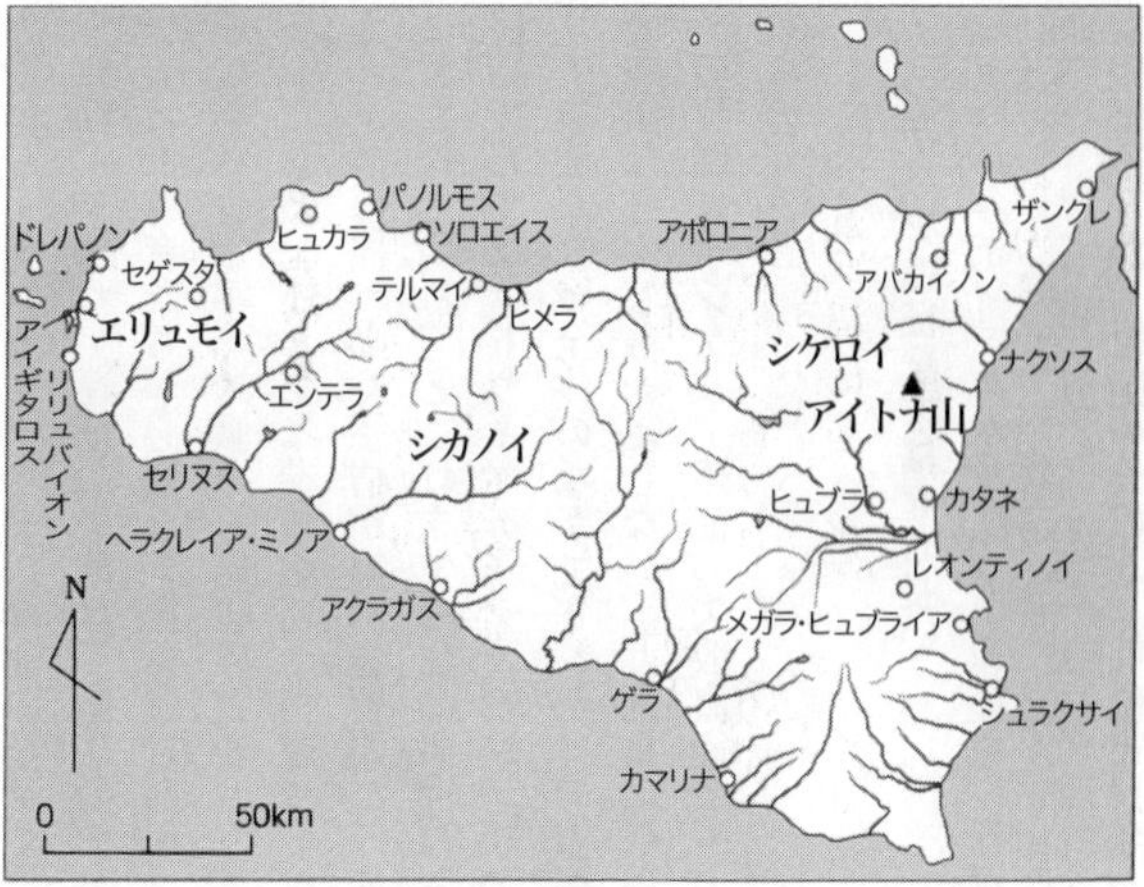

シケリア

であった。その喪失はシケリアでの惨敗よりも深刻で、市民を恐怖のどん底に陥れるほどの痛手だった、とトゥキュディデスはいうのである。

このように、トゥキュディデス自身にとっても、シケリア遠征の評価は必ずしも一定でなかった。また、遠征失敗の原因についても、第六巻冒頭で、ほとんどのアテナイ人は、島の大きさや、そこに居住するギリシア人や異民族の人口について何も知らなかったと述べているが、これはおかしい。すでにシケリアへの遠征は以前にもおこなわれているし、有名な弁論作家リュシアスの父ケファロスはシュラクサイ出身だったから、彼と交友関係にあるアテナイの知識人はシケリアについてある程度の知識をもっていたはずである。

しかも、トゥキュディデスは別の箇所で別の評価をくだしているのである。第二巻六五章で彼は、シケリア遠征の失敗は、敵に対する判断の誤りによるのではなく、本国アテナイに残った指導者たちが必要な支援を続けなかったことによる、と述べている。第二巻のこの記述は、ペロポネソス戦争終結後に書かれたとみなされている。

第六巻の記述と第二巻の記述の相違は、シケリア遠征失敗の報せを受けた直後のトゥキュディデスの揺れ動く感情が第六巻冒頭に、前四〇四年の敗戦後に彼がくだした評価が第二巻に記されている、とこれまでの作品研究は説明している。遠征失敗直後とペロポネソス戦争終結後とでは、トゥキュディデスのシケリア遠征の評価が違うのである。このように、シケリア遠征が大戦全体のなかでどれだけの重要性をもっているかについて、トゥキュディデスの評価は必ずしも一定しない。九九頁に引用した第七巻最後に記されているトゥキュディデスの評価は、シケリア遠征の失敗直後にトゥキュディデスが受けた衝撃の強さゆえに出たものなのだろう。

「シケリア遠征記」はなぜ長い

トゥキュディデスがシケリア遠征を、ペロポネソス戦争の勝敗を決するもっとも重要な遠征であったと評価していなかったのであれば、なぜ異例に長い「シケリア遠征記」が書かれたのだろうか。自国の大敗北、同胞市民多数の戦死、それを悼《いた》む心がこの遠征記執筆の根底にあるのではないかと私には思われる。もちろん冷徹な歴史家としての分析も随所にみられるが、トゥキュディデスは、遠征の重要性もさることながら、何よりもこの遠征に典型的にあらわれた戦争における人間の苦難と悲惨を記述したかったのではないだろうか。トゥキュディデスの「シケリア遠征記」からは、歴史学においていかに叙述が重要であるかを知ることができる。史実は大事だ。しかし、その史実に含まれている真実は、優《すぐ》れた叙述によってこそ伝えられるのである。

シケリア遠征の指揮官ニキアスに目を向けると、シュラクサイにおける最後の海戦を指揮するニキアスの様子をトゥキュディデスはこう叙述している。ここのみ久保正彰の名訳を借用する。

ニーキアースは、事態の窮迫に内心の動揺ただならず、目をおおわんばかりの危険が今や間近かまで迫っているのを見て、はや軍勢が波間に乗りだすばかりの瀬戸際になっていたにもかかわらず、かれは、巨大な試練に直面した人間の陥る例にもれず、味方がなすべき戦の準備はまだ整っていない、口で伝えるべきこともなお尽されていない、と思いこみ、又もや三重櫓船長のだれかれを一人ずつ岸に呼び戻し、その名を呼び父の名を呼び、その部族名を呼び、多少なりと功績があったものにはその名を汚さぬよう、父祖の功名しるきものには父たちの勇徳をかげらさぬよう、と各人にふさわしい励ましを与え、さらにまた、世に高く自由の名をうたわれた祖国を想起させ、そこではすべての市民にいかに自由な生活が許されているかを語り、まだその他にも、このような危機に追いつめられた人間が、古くさい繰言を笑われはせぬかと恐れる顧慮をも捨てて口にする言葉や、とりわけこのような場合誰でもが引きあいにだす、妻女子供たち古来の守護神らなど、ただ目前の事態に対するとりとめもない惑乱から、藁をもつかむ思いでその名にうったえる諸々のものにまで、言いおよんだのである。（第七巻六九章）

この引用文の冒頭にはニキアスの心理が述べられている。彼はこれから間もなくシュラクサイで死刑に処せられたから、ここに描かれた心理は、本人からあとで聞いたわけではなく、トゥキュディデスの推測であろう。しかし、この心理描写があるために、続いて語られるニキアスの言動に迫真性が出てくる。ニキアスは指揮官として決して有能ではなかった。そもそも、シケリア遠征に懐疑的で、出陣も不本意であった。その彼の最後の言葉はこうである。

つまるところ、兵士諸君よ、諸君は何としてでも勇敢なる兵士として振る舞わねばならないのだ。臆したとしても助けてもらえる場所は近くにないからだ。だが、今敵の手を逃れるならば、他のポリスの諸君は再び目にしようと願う祖国に到達するであろうし、アテナイ人諸君は、自国の偉大な国を、今は傾いてしまったその国力を立派に立て直すことができよう。諸君こそポリス、人なき城や船はポリスではないのだ。（第七巻七七章。傍点、訳者）

　まさに兵士の士気を鼓舞するための典型的な言葉ではある。もはや、勝利の可能性を論理的に説明して兵士の士気を高めることはできず、ニキアスはただ心情に訴えるだけの指揮官になっている。しかし、心情に訴えるだけの戦意高揚のこの演説によって、危機的事態に陥ったアテナイ遠征軍の状況の本質はいよいよ鮮明にあぶり出され、ニキアスとアテナイ軍との悲劇が読者の胸を打つ。

　最後の一行は、ソフォクレス作『オイディプス王』の「城の塔であれ船であれ、中に男どもがいなくては、塔でも船でもないのです」（五六～五七行）という科白《せりふ》と重なって響く。ニキアスのこの言葉を聞いたならば、アテナイ市民である兵士たちは祖国アテナイの繁栄のさなかの、ペロポネソス戦争直前に上演された悲劇『オイディプス王』を思い出し、また、アテナイの輝やかしかった日々に思いを馳せたであろう。トゥキュディデスはシケリアで追いつめられた兵士たちの心情を思って、ニキアスにこの言葉を語らせたのではないだろうか。「ニーキアースの口からこれを聞くのは、悲劇よりも悲劇的である」と久保は第七巻七七章の注で書いているが、まさに同感。この箇所からは、ニキアスの演説を聞いていた兵士たちの思いまでが伝わってきて、胸ふさがるる思いがするのである。トゥキュディデスもまた身を切られる思いでこの叙述をしたのであろう。

6　トゥキュディデスが書かなかったこと

ヘルメス像損壊事件の記録

トゥキュディデスの著作は、前五世紀のアテナイおよびギリシア世界に関するもっとも重要な史料である。この作品がなかったならば、古代ギリシア史はなんとも間の抜けた、緊張感に乏しい歴史叙述にしかならなかっただろう。

ところが、すでに指摘したように、史実の選択に慎重であったトゥキュディデスは、ペロポネソス戦争と直接関係ないと自分で判断した事柄については叙述しなかったことも少なくない。女たちの行動や発言にほとんど言及していないこと、デロス同盟の貢租額の変更に触れていないことは、すでに述べた。ほかにも、もう少し踏み込んで叙述してもらいたかったと思う事柄もあるが、ヘルメス柱像損壊事件もその一例である。

ヘルメス柱像とは四角い石柱の上部がヘルメスの頭部の形をしていて、柱の中程にファロス（男根）のあるもので、個人の家の前や町中のあちこちに立っていた。前四一五年夏のシケリア（シチリア）遠征の直前に、アテナイ市内にある多数のヘルメス柱像が一夜にして破壊されるという事件が起こった。この事件については、トゥキュディデスの著作第六巻二七章〜二八章に叙述されている。

それによれば、国運のかかった大遠征を目前にしてのこの神像損壊事件は、遠征の行方を暗示しているようであり、また、民主政を転覆させる陰謀がその背後にあると恐れる者もいて、大騒ぎとなった。すぐに犯人探しが始められ、多額の賞金がかけられたうえに、さらにヘルメス柱像損壊に限らず、他の瀆神《とくしん》行為についても密告《メニュシス》した者は免責特権《アデイア》を認められることが決議された。免責特権とは、犯罪者が共犯者について評議会などに情報を漏らし、それが正しい情報であると判明すれば、その密告者は処罰をまぬがれる、という特権であった。この特権を与えるという条件で、密告が奨励されたのである。

免責特権の決議が出されたあとに、神々の像を損壊したり、個人の家でエレウシスの秘儀の真似事をしている者がいるとの密告があった。ただし、トゥキュディデスは、密告したのはある在留外人たちと従僕たちだったと述べるだけで、具体的な名前をあげてはいない。エレウシスの秘儀とは、アテナイ市の西方約二〇キロメートルの聖地エレウシスで毎年開催されていた秘儀で、ポリス、アテナイが主催し、ギリシア各地から入信者を集めた。母神デメテルと娘神コレを主神とするこの宗教儀礼には春の小秘儀と秋の大秘儀とがあり、信者は両方に参加しなければならなかったが、とくに後者は八日間続く大規模なものであった。その名のとおり、入信者は秘儀において見たこと、聞いたことの口外を禁じられていた。

ヘルメス柱像損壊も秘儀冒瀆《ぼうとく》も犯人が見つからないままに、シケリアへの遠征軍は出航した。一方、アテナイ本国では、出航後も犯人探しは続いた。トゥキュディデスは第六巻五三章で、市民たちが疑心暗鬼になり、密告者の素性もろくに調べずに、もたらされた情報を鵜呑みにして、事件と関係ない善良な市民まで投獄してしまった、と述べている。

その後、秘儀冒瀆の犯人として捕えられた者が、免責特権《アディア》を得て、ヘルメス柱像を損壊した者たちの名前を密告した次第を、トゥキュディデスは次のように説明している。

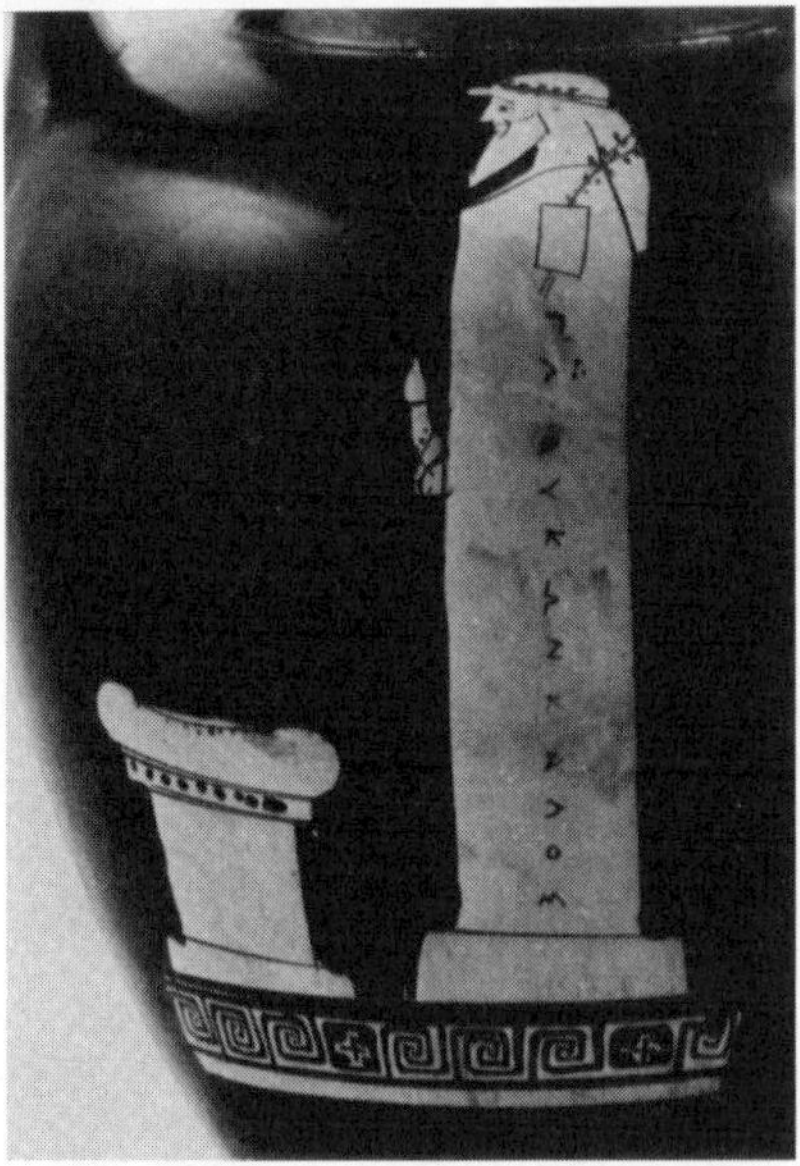

壺に描かれたヘルメス柱像。ここに描かれているような大理石のヘルメス像はアテナイ市内のあちこちに立っていた。個人の家の前にあって家の守り神になったり、日本の道祖神のように旅行者を保護し、導く神としても信仰の対象となっていた。

まさにそのとき、逮捕されていた者たちの一人で、主犯に違いないと疑われていた男が、一緒に収監されていた者たちの一人にそのかされて、真も偽ももろともに密告する気になったのである。その内容は真偽いずれとも推測されるもので、犯行を犯した者たちについてはっきりしたことをいえる者は当時もその後も誰もいないのである。……入れ知恵した人間はこういって相手を説得した、つまり、もし君自身が真実に潔白であったとしても、まずは自分自身、免責特権による生命安全の保証を得るべきであり、かつポリスから現在巷《ちまた》に満ちる猜疑《さいぎ》心を取り除くべき義務がある。……こうして、かの男はヘルメス像損壊事件について、進んで己れやまた他の者たちにとって不利な密告をおこなったのである。(第六巻六〇章)

ここでもトゥキュディデスは密告者の名前を出していない。密告情報が正しいかどうか確信をもてないところで、慎重な叙述を心がけたのだろうか。あるいは、ペロポネソス戦争を叙述するという目的にそぐわないと考えたのかもしれない。この密告者の名を、私たちはトゥキュディデスからではなく、アンドキデス作の弁論『秘儀について』から知ることになる。

アンドキデス作『秘儀について』

アテナイの名門出身のアンドキデス（前四四〇頃～前三九〇頃）によって書かれたこの弁論は、前三九九年にアンドキデスが瀆神罪で告発されたとき、自分自身の無罪を主張して法廷で読み上げたものとされている。推定されているトゥキュディデスの没年が正しければ、彼の死から一年後のことであった。

『秘儀について』によれば、前四一五年にヘルメス像損壊容疑で捕えられたアンドキデスは、犯人たちの名前を密告した代わりに免責特権を得て、即時釈放された。その後、民会で「イソティミデスの決議」が出された。この決議は、瀆神の罪を犯し、かつそれを認めた者すべてにアゴラと聖域への立入りを禁じる内容で、アンドキデスを対象として出されたと推測されている。投獄されたアンドキデスは密告することで免責特権《アディア》を認められ、釈放されたが、密告したことは自分の有罪すなわち瀆神行為を犯したことを認めた結果になった。この決議が出たことで、彼はアゴラとあちこちの聖域に立ち入ることができなくなった。アゴラは商取引の場であると同時に政治の場でもある。そこに立ち入れないということは、政治的な活動ができないということ、市民としての活動がほとんどできないということである。名門出のアンドキデスにとって、これはひどく苦痛であり、屈辱的であっただろう。彼は間もなく国外に亡命した。途中二度にわたり一時帰国したものの、それを除けば、前四〇三年に民主政が回復するまで、通算約一〇年を国外で過ごした。

ペロポネソス戦争が終わったあとに帰国し、市民としての生活をなんの支障もなく送っていたアンドキデスは、前四〇〇年秋に「イソティミデスの決議」に違反してエレウシニオン（アゴラに所在したエレウシスのデメテルのための神域）に立ち入った廉《かど》で告発された。アンドキデスは、一五年前に瀆神罪を犯して穢《けが》れを帯びた身であるにもかかわらず秘儀に関与したことを理由に、告発されたのだった。

そこで、アンドキデスはこの弁論のなかで釈明する、前四一五ないし前四一四年の自白は、一族の多くが処刑されるか否かの危機的状況のなかでやむをえずしたことである、しかも、自分は瀆神罪を犯していないと、そもそもの発端から事件の経過を詳細に陳述したのだった。

アンドキデスは、なぜ免責特権を得るために友人たちを密告する立場に追い込まれたのかを、詳細に語る。アンドキデスが、自分は怪我《けが》のため柱像損壊の悪戯《いたずら》に加わらなかったと無罪を主張し、犯人と思しき人物たちの名前と彼らを密告した人々の名前とを具体的に弁論のなかで述べた。そのおかげで、私にとっては、アテナイ民主政の隠れた一面を明らかにする手掛りを与えてくれる貴重な弁論となった。先程触れたハーマンのクセニア発見（六三〜六五頁参照）ほどではないが、ささやかな発見ができたからである。

この弁論に語られているかぎりでは、密告された者、つまり犯人とみなせる者は四九名、そのほかに事件に関係したとみなせる者一四名、総計六三名にのぼる。これら六三名の名前はすでに別のところであげたことがあるので、ここでは繰り返さないが、この六三名の所属する社会階層を調査した研究によれば、多くがアテナイのエリートだった。そこから、ヘルメス柱像損壊と秘儀冒瀆の両事件を、寡頭《かとう》派による陰謀事件とする解釈も出されたが、シュンポシオンに関する研究を多く出しているオクスフォード大学のマレイは、事件関係者の行動がシュンポシオン仲間の行動様式と合致すると指摘した。シュンポシオンとは、ともに酒《ワイン》を酌み交わしながら談論する私的なパーティーであって、それ自体には特定の政治的な傾向があるわけではない。したがって、マレイは両事件ともに政治的目的があってとられた行動ではないとみなす。従来の研究では、二つの事件の犯人たちに注目が向けられたが、私は犯人ではなくて、犯人たちを密告した人々に関心をもった。

六名の密告者

密告者は以下の六名である。

アンドロマコス――名門出の市民アルキビアデス所有の奴隷
テウクロス――メトイコス（在留外人、複数はメトイコイ）
アガリステ――名門出身の市民アルクメオニデスの妻
リュドス――市民フェレクレス所有の奴隷
ディオクレス――賞金目当てに虚偽の密告をした市民
アンドキデス――名門出の市民

密告者六名のなかで四名は奴隷、メトイコス、女性で、彼らには参政権がない。残る二名の市民のうちの一名はアンドキデスで、エリート市民だが、本人の言によれば親族を助けるために密告者となった。残る一名の市民ディオクレスは、その行動からみて明らかにいかがわしい人物であるが、虚偽の密告ゆえに死刑に処せられている。言い換えれば、六名の密告者のうち、市民として政治活動をおこなっていたのは、アンドキデス一人である。しかも、彼は民会が出した「イソティミデスの決議」によって、市民としての活動を制限された。つまり、アンドキデスの行動は立派な市民にあるまじきこととみなされ、婉曲《えんきょく》なかたちで制裁が加えられ、名門出身であるにもかかわらず、市民としての活動に制限が加えられたのである。

このようにみてくると、密告は、立派な市民がこの手続きをとることを期待されていたのではなく、非市民であるメトイコスや奴隷、そして女性が密告者の役割を担うことを想定して、あるいは、期待して成り立っていた手続きであった、といってよい。ディオクレスとアンドキデスに対する民会の扱いは、市民という素性正しい存在が密告行為をおこなうことへの嫌悪感を物語っている。

密告者のなかでもとくに女性の密告者アガリステの事例は、問題の本質解明につながるよい手掛りとなると思われる。アガリステは秘儀の真似事をした人たちの名を密告した。このアガリステの夫はアルクメオニデスといい、夫も妻もともにアテナイの名門一族アルクマイ

アテナイの女性像。左の図は、アテナイの市民の妻と彼女に仕える奴隷の少女を描いたもの。アテナイでは良家の子女は他人の男の目にさらされることなく、私的空間である家の中にとどまっていることが望ましいとされた。夫が客人を招いて開く宴会（シュンポシオン）にも妻は顔を出すことはなかった。宴会で男の相手をするのは、ヘタイラ（遊女）の女たち（上）で、彼女たちは市民の嫡子を産むべき市民身分の女とは明確に区別された。

オニダイに属していたと推定されている。アガリステはアルキビアデスとその友人たちが秘儀冒瀆をしたと密告したが、アルキビアデスの母親もこの名門アルクマイオニダイ一族の出身であったから、アルキビアデスとアルクメオニデス、アガリステ夫婦は遠い親戚、知合い同士だったに違いない。

私が気になるのは、アテナイの名門に属する女性に求められていた行動規範に照らしたとき、アガリステのとった行動がこの規範からはずれているようにみえることである。前五〜前四世紀のアテナイにおいて市民の娘や妻は、生涯父や夫や息子など男性の後見のもとにおかれた存在であった。自分自身の意志と判断に基づいて社会的活動をすべきでない、という建前があった。実際のところ、女が社会的活動をする機会といえば、宗教行事に参加する場合くらいなものであった。身内の者を除いて他人の男たちの目に触れることは、できれば避けるべきであるという社会通念が、女たちを縛っていたのである。もちろん、実際の生活においては、女たちは後見人の許可などなしで自分の意志で行動することもあったはずであり、外出して男たちに見られることも、ないことはなかっただろう。しかし、建前は社会通念となって、人々の意識を奥深いところで規定していたに違いない。

アテナイの女たちにはこのような行動規範があった。それにもかかわらず、カルミデスの家で男たちが秘儀の真似事をしたことをアガリステは知っていると、公的に届け出たのである。アガリステが知っていたからには夫アルクメオニデスも知っていたとみなすほうが自然であろう。それにもかかわらず、なぜ夫ではなくて妻のアガリステが密告《メニュシス》をおこなったのであろうか。

女が表立って行動することは避けたほうが望ましいとされていたアテナイで、それにもかかわらず、アガリステが密告という行動に出たのは、彼女の後見人である夫アルクメオニデスの側に密告をためらう理由があったからではないかと思われる。その理由こそが、密告は素性正しい市民にはふさわしくないという考え方だったのだろう。事実、アテナイの裁判制度では、女は後見人なしの個人として訴訟当事者とはなれず、証人として直接出廷することもできなかったのだが、それにもかかわらず密告は女にも認められていたのであった。このことの意味は、見逃すべきではない。

市民たちにとって、とくに、社会的エリート層に属する市民にとって、密告はできれば避けたい、恥ずべき行為であった。それゆえ、非市民であるメトイコイ、奴隷、女に密告者の役回りを押しつけたのである。奴隷やメトイコイ、女性は政治に参加できなかったとこれまでいわれてきたし、それは制度のうえで間違いではない。しかし、そのような参政権をもたない人たちが、ここでは鍵となる行動をとらされている。アテナイの民主政は、市民が市民倫理を守ろうとするかぎりでは解決が困難な問題に、非市民を使ってその処理にあたっていたことが、この密告をめぐる動きを調べることから明らかとなった。アテナイの民主政は、非市民を政治から排除していたのではなくて、彼らを内部に取り込みながら参政権は認めないという、差別と包摂の二重の論理で維持されるという仕組みが、制度として存在していた。

アテナイの民主政に内在するこの二重構造を、良し悪しの評価は別として直視するならば、そこから現代におけるデモクラシーを考えるうえでのなんらかの示唆も得られよう。そして、本章でこれまで述べてきたように、トゥキュディデスの叙述だけからでは、アテナイ民主政の二重構造を見抜くことは困難であった。アンドキデスが自己弁明のために必死でおこなった弁論から、この陰で動く、あるいは動かされた人々の存在が浮かび上がってきたのである。

ケルキュラの内乱

トゥキュディデスが書かなかったもう一つの例を、取り上げておこう。トゥキュディデスは、前四〇四年から二七年間という長期間に、ギリシア世界の各地で繰り広げられた戦闘と、そのなかで人々がこうむった辛酸を生々しく描いている。そのなかには、開戦直後にアテナイ国内で始まった疫病《えきびょう》の流行についてのリアルな描写があるが、ケルキュラの内乱も特記すべき出来事としてあげられよう。内乱において人間がとる行動に目を凝《こ》らし、人間性の根本に考察を深めたこの優《すぐ》れた内乱記（第一巻二四章～五五章）は、彼の著作のなかでもとくに有名な箇所の一つである。

ケルキュラはギリシアの西部、イオニア海に浮かぶ島々のなかでも最大の島で、ギリシア本土とイタリア半島のあいだを往来する船に良港を提供していた。島の唯一のポリス、その名も島名と同じケルキュラは、前八世紀にコリントスによって建設された、ギリシア世界のなかでももっとも富裕なポリスの一つで、強力な海軍を擁していた。たとえば、ペロポネソス戦争第一年目の前四三一年には、一〇〇隻の軍船でペロポネソス半島攻撃に出たアテナイ軍に五〇隻の艦隊で加勢しているほどである（第二巻二五章）。なお、ケルキュラ島の英語名はコルフ島で、現在は西ヨーロッパの観光客が集まるリゾート地となっている。

このケルキュラと母市コリントスとの関係は、決して良好ではなかった。そもそも、古代ギリシアでは、肥沃な農地が限られているため、人口増加への対応策として前八世紀半ば前後から植民活動がさかんにおこなわれていた。こうして建設された植民市と母市の関係は、しかし、十九世紀の帝国主義の時代に西ヨーロッパ諸大国が争うように建設した植民地とその本国との関係とはまったく違っていた。植民市は母市とは独立したポリスであって、母市とのあいだに支配従属関係は存在しなかった。植民市と母市のあいだにはせいぜい、主要な祭典に母市の代表を招いてともに祭典を祝う、といったゆるい結びつきが維持される程度であった。ところが、ケルキュラはその程度の敬意すらも母市にはらわなかったらしい。

トゥキュディデスによれば（第一巻二五章）、ケルキュラは祭典や供犠《くぎ》において母市を他の一般ポリスと同列に扱って、特権を認めず、軽視していた。コリントスがペロポネソス同盟に参加していたのに対し、ケルキュラはペロポネソス同盟、デロス同盟のいずれにも与《くみ》せず、中立を保っていた。しかし、母市との関係が悪化し、一触即発の状態となったときに、ケルキュラはアテナイに支援を要請し、アテナイは、前四三三年、一〇隻の軍船を派遣した。その理由は、ペロポネソス人との対決は早晩避けられないであろうし、地理的に重要な位置にあり、強力な海軍をもつケルキュラとは良好な関係を維持すべきと判断したからであった、とトゥキュディデスは説明している。一方、コリントス側には近隣のエリスやメガラの軍船も加わって、ケルキュラに向けて大軍が赴き、海戦が始まった。この戦闘がペロポネソス戦争勃発《ぼっぱつ》の直接の原因となる。もちろん本来の戦争の原因は別にあるとトゥキュディデスは述べているが、それについては次章を参照していただきたい。

コリントスとケルキュラの海戦でケルキュラが劣勢になると、アテナイは追加の救援二〇隻を送り込んだ。この海戦では、コリントス軍は本土のシュボタに戦勝碑を立てて自軍の勝利を主張し、他方のケルキュラ軍はシュボタ島に戦勝碑を立てた。つまり、双方が自分たちの勝利を主張したのである。コリントス軍は、約七〇隻の敵船を撃破し、一〇〇〇人以上の兵士を捕虜にしたが、これら捕虜のうち奴隷身分であった軍船の漕《こ》ぎ手八〇〇人は売却し、他の二五〇人はケルキュラ市民のなかの有力者たちであったので、コリントスは彼らを監禁しながらも厚遇した（第一巻五五章）。

このコリントスとケルキュラの海戦にアテナイが援軍を出したことは、三〇年の休戦（後述）の協定内容に反する行為であったとコリントスは主張し、これが、トゥキュディデスが

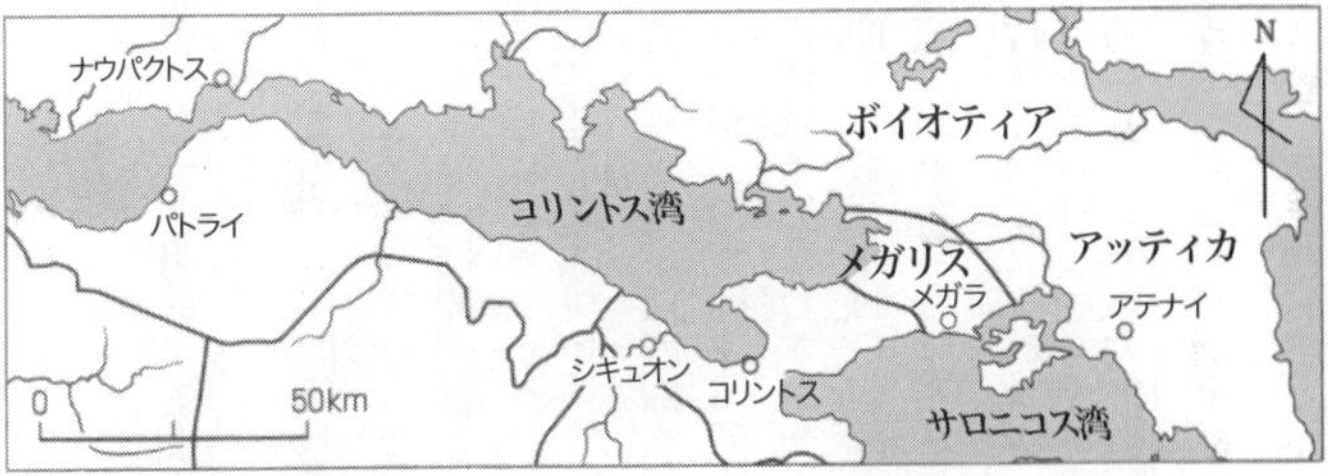

コリントス湾周辺

コリントス産の陶器。コリントスは、前10世紀末からさかんに交易をおこない、前８世紀後半にはケルキュラやシュラクサイを建設した。独特の文様のコリントス産陶器は広くギリシア世界の全域に輸出され、その人気は前６世紀半ばまで続いた。

第一巻二三章で「アテナイ人とペロポネソス人は、三〇年間休戦条約を破棄することによって開戦した」と明言するように、ペロポネソス同盟側がアテナイに対する戦争に踏み切る第一の理由となった。

なお、この三〇年間休戦条約については、二四頁でも簡単に触れたが、もう少し詳しく説明しておこう。アテナイが主導するデロス同盟が結成されて以来、ギリシア世界の政治地図はペロポネソス同盟陣営とデロス同盟陣営に色分けされ、両者の対立はしだいに先鋭化し、前四六一年にメガラがペロポネソス同盟を離脱して、デロス同盟に加わったことが引き金となって、両同盟間の戦争が勃発した。この戦争を「第一次ペロポネソス戦争」と呼ぶ研究者もいる。戦争は、前四四六年にアテナイがペロポネソス同盟と休戦条約を結ぶまで続いた。この条約が三〇年間休戦条約である。

この休戦条約はわずか一五年で破られ、前四三一年にペロポネソス戦争が勃発する。そして、開戦から五年目の前四二七年夏にケルキュラは内乱状態に陥った。コリントスで監禁されていた捕虜たちは厚遇されたと先程述べたが、それはこれら捕虜たちにコリントスに対する親近感をもたせるための、深謀遠慮によるものだった。コリントスの思惑はあたり、捕虜たちは釈放されてケルキュラに帰国すると、自国をアテナイから離反させるよう画策を始めた。コリントスからの帰国者たちは寡頭派として結束し、親アテナイ派の市民たちは民衆派として寡頭派との対立を激化させ、事は内乱にまで発展したのであった。

民衆派はアテナイの、寡頭派はコリントスの支援を受け、奴隷の大多数は民衆派側につき、寡頭派側には大陸からの傭兵八〇〇人が加わった。内乱が進行するなかで、民衆派はアテナイから一二隻の応援を得て勢いづいたが、ペロポネソス側から五三隻が加わると、周章《しゅうしょう》狼狽《ろうばい》し、六〇隻の軍船を準備しながらも、稚拙な攻撃を繰り返すのみであったので、アテナイ艦隊が敵艦隊の矢面に立ちながら、ケルキュラ艦隊を退却させた。

こうしたなかで、民衆派のケルキュラ市民たちは、ペロポネソス軍がポリス自体を襲撃するのではないか、ポリスが解体してしまうのではないか、という恐れからポリスの防衛に着手し、国内ですでに拘束していた寡頭派や他の寡頭派市民たちと協議して、ポリス生残りの方法を模索しようとした。寡頭派の一部の者を軍船に乗り込むよう、説得にも成功した。ところが、アテナイが追加救援に派遣した軍船六〇隻がエウリュメドン将軍の指揮のもとに航行中、という情報を得たペロポネソス軍が、これぞ潮時とばかりに帰国し始めると、ケルキュラの民衆派は勢いづいた。

このとき、彼ら民衆派市民が同胞である寡頭派市民をどのように扱ったか、トゥキュディデスの記述を引用しておこう。

ケルキュラ人たちは敵対する者を手当たり次第に捕えては殺害した。さらには、説得して乗船させた人々をも、すべて下船させて処刑したばかりか、ヘラ女神神殿へ赴いて、嘆願者のうち約五〇人を、裁判にかけるからと説き伏せて、その全員に死刑の判決をくだした。嘆願者の大多数は、この説得に応じなかったが、事態の成り行きをみるにおよんで、神域のその場で互いに殺し合ったり、一部の者は樹木で首をくったり、そのほかの者たちも可能な方法で自決した。そしてエウリュメドンが到着して六〇隻の艦隊を率いて停泊していた七日間、ケルキュラ人たちは同胞市民のうち反対派と思われる者を殺しつづけた。民主政を打倒しようとした者たちに、その責任をなすりつけたのだが、しかし、個人的な怨恨のために殺された者もいたし、また他の人々は自分たちの債務者によって殺された。かくして、あらゆる種類の死が生じ、また、このような状況下で起こりがちな事で、何ひとつとして起こらないことはなかったうえに、なお極端なかたちで起こったのである。たとえば、父が息子を殺したり、神殿から引きずり出されて、その近くで殺された人もいた。また幾人かはディオニュソス神殿のなかで壁に閉じ込められて死亡した。(第三巻八一章)

実権を握った民衆派が寡頭派市民の殺戮《さつりく》を続けただけでなく、さらに、追い詰められた寡頭派市民たちが絶望のなかで殺し合ったり、自殺したり、という酸鼻《さんび》の極みが語られている。この痛ましい叙述のあとでトゥキュディデスは、この市民同士の争いが、以後に多発する内乱(スタシス)の最初のものであるが、その後の事例と比べてもとくに残忍であったと述べる。平時であれば民衆派、寡頭派のいずれも外部勢力を自派の加勢に招き入れる口実が見つからないが、戦争が始まるとそれが容易になったから、と彼は解釈している。

しかし、ここで疑問が浮かんでくる。ケルキュラにおける民衆派と寡頭派の分類は、何に基づくのか。それぞれの派の構成員たちの自己申告に基づいたとして、そのような自己認識を可能とした各構成員に潜在する経済的、社会的、文化的な利害得失の実態は不明である。いや、トゥキュディデスはそこに踏み込んではいない。トゥキュディデスのこの内乱の記述に関連して、社会経済的な要因への言及がないという指摘も出されている。この点を重視する立場からは、続く第八四章はトゥキュディデス作ではないという見方が出てくる。

というのは、この第八四章一では、それまで傲慢《ごうまん》なエリートたちに支配されていた人々が復讐《ふくしゅう》の鬼となって暴力に訴えたり、貧困からの解放を願う人々が隣人の財産を狙って不正な判決をくだしたり、財産には差がなくとも十分な教養のない者の場合は抑制のない野蛮な暴力に訴えたり、という事態が生じた、という解説があるからである。ここには社会経済的な要因がわずかながらあげられているために、すでに古くからこの章はトゥキュディデス自身の書いたものではなくて、のちの挿入であるという説があり、今なお真作かのちの挿入かで研究者の意見は分かれている。たとえば、注釈書としてはもっとも新しい三巻本の著者ホーンブロウアーは、この章を、誰による、あるいはいつの時代のものか不明ながらも、のちの挿入として扱っている。

そもそも、寡頭派出現は、トゥキュディデスに従えば、コリントスが前四三三年の海戦（一二〇頁参照）で捕えた二五〇名におこなった「洗脳」によったらしいが、たまたま捕虜となった二五〇名の全員がケルキュラ市民中のエリートであったことは、とても偶然とはみなされず、なんらかの説明が必要であろう。それは、軍船搭乗員の編成法にあったのか、主戦力がエリート市民によって担われていたのか、最前線に立とうとするエリート市民のモラルのゆえか。そのどれなのか、私たちは知りたいところだが、トゥキュディデスは説明しない。

人間本性論は正しいか

ケルキュラの内乱に関する論文「内乱の思想」のなかで、久保正彰がトゥキュディデスは「内乱誘発の因果を、国際政治という力学の場で論じており、したがってその解答も力学的因果論で割りきってしまっているかのごとき観がある」と述べるように、内乱の原因についてトゥキュディデスの解釈は一面的であるため、釈然としない思いを私たちは抱え込むことになる。トゥキュディデスは、このような事件は、程度や外貌は多様だが、人間の本性が同一であるかぎり起こるものだ、と説明する。もちろん、「人間の本性」を持ち出したからといって、トゥキュディデスは歴史上に類似の事件が起こりうるので歴史は予見可能だ、などといおうとしたのではない。その点で、彼は、前二世紀の歴史家で国制の変遷が予測可能であると「実践的歴史」を唱えたポリュビオス（前二〇〇頃～前一一八頃）とは異なる。

　とはいえ、人間の本性に原因を求めるだけでは、近代歴史学の使徒として歴史研究に携わる私たちとしては、落ち着かないのである。もちろん、トゥキュディデスは本性論を展開して、それで事足れり、などとはしていない。先に引用した「父が息子を殺す」の記述に、親族的結合が党派的結合の前に崩壊する人的関係の変質を、トゥキュディデスが指摘していると読み取ることもできよう。

　しかし、ここでトゥキュディデスが試みる分析が、はたして歴史学の側からみた場合に適切であったのかどうかとなると話は別で、市民のあいだの経済的利害や民主政イデオロギーの浸透度あるいは浸透のプロセス等々、知りたいにもかかわらず、私たちのもとまで到達しなかった情報が多いことに気づく。トゥキュディデスがそのような多くの情報を語らなかったのは、それらがペロポネソス戦争の帰趨《きすう》と直接関係しないと考えたからなのだろうか。彼は、歴史叙述における史実の因果関係をどのように考えたのだろうか。

　ケルキュラ内乱記は、トゥキュディデスの著作のなかでも、透徹するまなざしで人間の本性をみすえた優れた記述としての評価が高く、それはそのとおりで異論はない。そこでは、トゥキュディデスは、戦争の歴史の叙述者である以上に、一人の思索に沈潜する人間としての顔をみせている。だが、トゥキュディデスの歴史家としての顔をもっとよくみたいと思えば、彼が史実の因果関係をどのように述べているかを知ることが必要である。

ペロポネソス戦争のあいだ、内乱はケルキュラのそれを皮切りに多数起こったとトゥキュディデスは述べているが（一二四頁参照）、内乱という共通現象の存在を認識しながらも、その概念を定立し、その概念を用いて対象を分析することはしない。それは近代歴史学に付託された課題である。そして、彼が述べる内乱の多発からは、内乱は、あるいは古代ギリシアのポリスにとくに顕著な現象なのではないか、という疑問が私には浮かんでくる。

内乱が多かったのは、ポリスという小国家が多数分立していたギリシアだからこそであったのかもしれない。そう考えるのはもちろん私だけではない。すでに、内乱に関する実証的な研究書は一九八〇年代から発表されている。これを受けて、コペンハーゲン大学教授ハンセンは、一〇年におよぶポリスの網羅的研究を完結させ、その成果の集大成として二〇〇五年に公刊した『前古典期と古典期ポリスの目録』のなかで、この内乱現象を取り上げている。

それによれば、一二二のポリスにおいて都合二七九例の内乱が起こったことが史料から知られるのである。これに近隣の複数のポリスを巻き込んだ紛争をいれれば、事例はさらに増大する。なぜこれほどに内乱が多かったのか。ハンセンは、自分の党派がポリスを統治できなくなった場合、対立する党派とのあいだで妥協し、国内安定をはかるよりも、ポリスの独立、自治を失ってでも、外部勢力の介入を得て、自分の党派の勢力温存をはかった、とする。その説明が正しければ、内乱の多発は、個々のポリスが大きなギリシア世界という共通の文化的枠組みのなかで相対的独立を保っていたにすぎなかったということを、物語っているのかもしれない。

この問題は、内乱を手掛りとして古代ギリシア世界の政治的特質を解明するという今後の課題となるであろう。次章で触れる、現在のわれわれの課題となっているトランスナショナルな世界を考えるとき、遠い古代ギリシアのこのような政治世界が、有益なヒントを与えてくれるかもしれない。人間の本性という観点からの説明だけでよしとはできない問題なのである。

7 歴史叙述から歴史学へ

因果関係の追究

過去の出来事について因果関係を検討し、明らかにすることは、歴史学研究の重要課題の一つである。その近代歴史学の課題は、古代にも通じるものだった。第一章で触れたように、ヘロドトスは、作品の冒頭で戦争の原因を明らかにすると述べている。ただし、彼は、事の発端を探ってトロイア戦争にまでさかのぼり、叙述を始めた。この点、つまり神話伝承の世界に属するトロイア戦争を持ち出すことについて、トゥキュディデスは批判的であった。彼は第一巻二一章で、詩人や物語的著述家の言を無批判に信じないようにと警告している。

この二人の原因追究に対する態度については、E・H・カーがその著書『歴史とは何か』で言及している。いまや近代歴史学の古典的名著としての評価が定着した感が強いこの書で、著者は「歴史の父であるヘロドトスは、その著作の開巻第一、自分の目的を規定して、ギリシア人および野蛮人の行為の記憶を保存すること、「なかんずく、彼らの間の戦闘の原因を明らかにすること」と申しました。彼の弟子は古代的世界には殆んどおらず、トゥキュディデスでさえ、因果関係について明確な観念を持っていなかったという非難を受けているくらいであります」（一二八頁。清水幾太郎訳）と述べている。このカーの言によれば、まるでトゥキュディデスは出来事の因果関係についての洞察力を欠いていたかのようだが、はたして彼はペロポネソス戦争の原因についてどのように述べているのだろうか。トゥキュディデスの作品に戻って検討してみよう。

トゥキュディデスは、史上初の大戦争と彼が評価するペロポネソス戦争が起こった原因を、真実の原因はアテナイが強大になってスパルタに恐怖を与えたことにあるとことわりながら、この問題を第一巻二四章以降で述べ始める。トゥキュディデスは、開戦にいたった理由として当事者であるアテナイとスパルタ双方が公然と表明した内容を叙述して、双方の主張する戦争の原因と自分が判断する戦争の真の原因を区別している（第一巻二三章）。しかも、前者にアイティアイ（原因を意味するギリシア語）、後者にプロファシス（同じく原因の意のギリシア語）という語をあて、前者を複数形、後者を単数形であらわしている。

ただし、この用語の区別が何を意味するのかを理解しようと、言葉の分析などで頭を悩ませたりしないほうがよいようだ。なぜなら、第一巻一一八章では、前四四〇～前四三九年のサモスとビュザンティオンの反乱後間もなくしてケルキュラの戦いとポテイダイアの戦いやその他今次大戦（ペロポネソス戦争）のプロファシスとなることが起こったとあるが、このプロファシスは戦争の直接の契機となった事件を指しているので、明らかに第一巻二三章のプロファシスとは異なった使い方をしている。また、第一巻末尾の、「それまで起こっていた諸事件は、〔三〇年〕休戦の侵犯であり、戦争のプロファシスでもあった」という一文でも、それは同様だからである。

用語の違いはさておき、戦争の直接の契機または原因を第一巻で詳細に記しながら、彼が戦争の真の原因はアテナイが強力になっていったこと、そして、それがスパルタ側に恐れを抱かせたことにあると考えていたことは、間違いない。そして、トゥキュディデスのその判断はほぼ正しかった、という見方が現在は有力である。そうであるならば、先に引用したE・H・カーの評価とは相当異なる見方を、専門の研究者たちはしていることになる。では、なぜカーは先に引用したようなことを述べたのだろうか。

どうしてカーがトゥキュディデスに低い評価をくだしたかといえば、彼自身が注で明示しているように、コーンフォードの見解に依拠したからである。コーンフォードは二十世紀前半に活躍したギリシア哲学が専門のケンブリッジ大学教授で、一九〇七年刊行の処女作『トゥーキューディデース――神話的歴史家』の冒頭で、トゥキュディデスはペロポネソス戦争の原因について明確な理解をもっていなかったと批判するとともに、当時のアテナイを取り巻く経済情勢を概観して、戦争の主因はコリントスとアテナイのあいだにあった商業上のライバル関係にあり、コリントスが、アテナイの地中海西方への進出によって自国の商業上の権益が侵害されることを恐れたことにあった、という解釈を出した。この原因論からいえば、トゥキュディデスの見方、すなわち、真実の原因はアテナイが強大になってスパルタに恐怖を与えたことにあるという見方は的外れ、トゥキュディデスは事の本質を見抜いていなかった、ということになってしまう。

では、カーが依拠したコーンフォードの解釈は、適切なのだろうか。たしかに、ペロポネソス戦争開戦にいたるまでの経緯を振り返ると、戦争勃発《ぼっぱつ》のきっかけとなった事件にコリントスが関係している。開戦二年前の前四三三年にケルキュラとコリントスとのあいだで生じた抗争については、前章で取り上げたとおりであるし、ペロポネソス戦争開戦直前には、コリントスの植民市でエーゲ海北部に位置するポテイダイアがデロス同盟から離反したため、アテナイは遠征軍を派遣してポテイダイアを攻撃し、一方のコリントスはポテイダイアを支援しようとスパルタに働きかけた。やはりここでもコリントスが関係している。そのかぎりでは、コーンフォード説に一理ありそうだ。

しかし、この商業的利害関係がペロポネソス戦争の主因であるという解釈は、今では顧みられなくなっている。たしかに、コリントスもアテナイも海外交易に関与していたポリスではあるが、残存する史料のなかに経済的な問題が原因で戦争が起こったことを示す証拠は見当たらない。そればかりでなく、いやそれ以上に、コーンフォード説は古代ギリシアの経済の特質から考えれば、アナクロニズムという批判が出されてもおかしくない見方なのだ。古代ギリシアでは、とくに前五世紀までは経済は社会に埋め込まれていて、自律的な動きをみせるような段階にはいたっていなかった、という経済人類学者ポランニーの見解一つ参照しても、コーンフォードの経済主因説はしりぞけられるべきだし、そのポランニー説を取り入れながら『古代経済』という著書を著したフィンリーも、同書のなかで古代経済が近代社会の経済と質的に異なると述べている。

二十世紀後半の古代ギリシア史研究をケンブリッジ大学教授として牽引《けんいん》したフィンリーは、古代ギリシア・ローマ世界の経済が、近代社会の経済とは質的に異なっていまだ未発達《プリミティヴ》な段階にあった、と論じた。研究がより精緻《せいち》になっている現在では、フィンリー説にはさまざまな点で修正が加えられてはいるものの、前五世紀までのギリシア経済の特質についての評価は本質的にさほど変化してはいない。コーンフォードのトゥキュディデスに対する批判は、このように現在ではもはや顧みられることはない。むしろ、トゥキュディデスの鋭い慧《けい》眼《がん》が光ってみえるのである。

トゥキュディデスの後継者たち

トゥキュディデスの著作は、彼の死によって前四一一年冬で中断され、未完に終わっている。ただし、ペロポネソス戦争開戦後一〇年目の前四二一年に戦争当事者のあいだで五〇年間の平和条約が締結されるが、その締結について述べたあとの第五巻二五章、二六章においてトゥキュディデスは、締結後も実際には交戦状態が続き、最終的にアテナイが降伏するまで、二七年のあいだ戦争が続いたとコメントしている。つまり、トゥキュディデスは、ペロポネソス戦争全体の帰趨《きすう》について、前四二一年の叙述の箇所で触れているのである。トゥキュディデスは、その部分を執筆する際にペロポネソス戦争の結果をすでに知っていた。そうであるからこそ、彼はこの戦争の真の原因についても適切な判断がくだせたのだった。

そうはいっても、彼の死によってその著作の完結が阻まれたことは、残念至極といわねばならない。敗戦後に誕生したスパルタの傀儡《かいらい》政権である三十人による寡頭《かとう》政について、また、その打倒をめざす民衆派との内戦について、トゥキュディデスならばどう叙述したであろうか、切実に知りたいと思う。

それはさておき、トゥキュディデスが筆を止めた時点の前四一一年冬からのペロポネソス戦争の歴史の続編は、知られるかぎり三人の作者によって企てられた。一人はいわずと知れた『アナバシス』(ギリシア人傭兵一万人のペルシアからの脱出行を描いた作品)の作者クセノフォンで、彼の『ヘレニカ』(ギリシア史)は一九九八—九九年に邦訳も出版された。この書は、前四一一年から前三六二年のマンティネイアの戦いまでを叙述している。ただし、前四一一年から前四〇四年までの部分あるいは三十人寡頭派政権の崩壊までの部分の筆致が、トゥキュディデスに似て分析的である一方で、それ以後の部分にはクセノフォン自身のコメントが各所に挿入されているため、当初クセノフォンはトゥキュディデスの未完の書を完成させようと執筆を始めたが、その後さらに自分自身の『ヘレニカ』作成へと計画を変更したのではないか、と推測されてきた。

このクセノフォン『ヘレニカ』は、幸いにも全巻が現存するので貴重であるが、叙述内容はトゥキュディデスの著作に比べ相当に見劣りする出来栄えである。同じクセノフォンによる『ソクラテスの思い出』のなかのソクラテス像が、プラトン『ソクラテスの弁明』のなかの偉大な哲学者の像とははなはだ異なることを考え合わせるならば、それも作者の資質のなせる業で、無理もないと思わざるをえない。

とはいえ、平明な叙述のこの『ヘレニカ』は、ペロポネソス戦争後のアテナイ史を再構成する際に不可欠の参照文献となっている。その理由の一つとして、トゥキュディデスの書を書き継いだ他の二人については、その作品のごくわずかな断片しか残存していないこともあげられよう。その一人キオス島出身のテオポンポス（前三七八／七〜前三二〇年の少しあと）は、小アジアのキュメ出身のエフォロス（前四〇五頃〜前三三〇）と並ぶ前四世紀の代表的な歴史家である。テオポンポスはトゥキュディデスを引き継いで、前四一一年から前三九四年のクニドス沖の海戦（一四一頁参照）までを著した。その生年からみれば、クセノフォンの場合とは異なり、テオポンポス自身は、叙述対象である時代の直接の目撃者ではない。ただし、彼の『ヘレニカ』は、クセノフォンのそれに比べ、内容が詳細だったらしい。

残念ながらわずか一九片の断片が現存するにすぎないのではあるが。

残るもう一人は、エジプトのオクシュリンコスから出土したパピルスの断片によってその

ソクラテスの処刑。前399年にソクラテスは新しい神を導入して、若者たちを惑わしたという廉で訴えられ、最終的に死刑の判決を受けた。そのときのソクラテスによる法廷での弁論をほぼ忠実に再現したのが、プラトン『ソクラテスの弁明』である。死刑判決を受けたソクラテスは、従容として毒杯を仰いだといわれている。ジャック゠ルイ・ダヴィッドによる18世紀の絵画。

存在が判明した『ヘレニカ・オクシュリンキア』（オクシュリンコスのギリシア史）の作者である。名前が特定できないため、Pと呼んでおこう。一九〇六年に発見され、現在はロンドンに所在するパピルスと、一九四二年に発見され、現在はフィレンツェに所在するパピルスだけが、その存在の証しである。ただし、一九七六年刊行のカイロ所在のパピルス小片を、このヘレニカの一部であるとみなす者もいる（たとえば、マケクニーとカーン）。

このPは誰なのか。エフォロスかテオポンポスか、いずれも今はほぼ否定されてしまい、アテナイの歴史家クラティッポス（生没年不詳）ではないかとみるのが、現在のところもっとも有力である。

P作のこの『ヘレニカ』は、トゥキュディデス書の続きとして、前四一一年から前三九五年の歴史を記したもので、その執筆の時期は、前三八六年の「大王の平和」（一四二頁参照）成立よりあとで、前三四六年の第三次神聖戦争の終焉《しゅうえん》よりも前とみられる。クセノフォン作の『ヘレニカ』には見出せない、しかも、作者が自分で目撃したり調査したりして得られた情報が盛り込まれており、史料としての価値は非常に高い。この作品はエフォロスに引用され、それを前一世紀の歴史家であるシケリア（シチリア）出身のディオドロス（ディオドルス・シクルス）が『世界史』を執筆する際に資料として使用したらしい。

ただし、この『ヘレニカ・オクシュリンキア』の文体は、決して格調高いとはいえない。何よりも、その存在が二十世紀になってエジプトからパピルスが出土するまで忘れ去られ、後世に伝えられなかったことが、やはり、古代末期以降の知的世界の担い手たちにとって、ヘロドトス、トゥキュディデス、そしてクセノフォンほどに魅力的な作品ではなかったことを示している。それでもなお、この作品の史料としての価値は、もちろん高い。

今ご紹介したトゥキュディデスの著作の未完部分を書いた三人は、その続編をどの時点で終わらせたかというと、それぞれ異なっている。クセノフォンがトゥキュディデスと同様に、アイゴスポタモイの海戦の敗戦がアテナイの敗北を決定的にしたとみなして、ペロポネ

『ヘレニカ・オクシュリンキア』のパピルス断片。エジプトのオクシュリンコス出土。写真の断片には、前396年から前395年の部分が記されている。

ソス戦争終結の前四〇四年、あるいは三十人政権倒壊までを一区切りとし、ここまでをトゥキュディデスの書の続編とした、とみることができるのに対し、テオポンポスとPとは、続編の完結を前三九四年まで下げたと推定されている。それでは、前三九四年とはどのような年だったのであろうか。ペロポネソス戦争が終結した前四〇四年以降のアテナイの歴史について、概略を述べておこう。

後継者たちの目撃したアテナイ

戦争終結後の前四〇四年秋に、アテナイではスパルタの傀儡である「三十人」による寡頭派政権が成立したが、まもなくその打倒をめざす民主派とのあいだで内戦が始まる。この内戦は数ヵ月で和解にいたり、前四〇三年秋にはアテナイに民主政が復活した。この新体制の民主政は、以後、前三二二年まで続くことになる。一方、戦勝者であるスパルタは、エーゲ海制海権を獲得し、アテナイに代わるギリシア世界の覇者《はしゃ》たらんと覇権確立の動きを展開させた。ペロポネソス戦争後、小アジアのギリシア諸ポリスは、ペルシア帝国の配下に再びはいっていたが、スパルタはこれらのポリスを支援するため、小アジアに遠征軍を派遣する。対するペルシアは、スパルタの侵攻を抑え、エーゲ海制海権を奪取するために、前三九八ないし前三九七年に艦隊建造を計画し、帝国内のキプロス島諸市とフェニキアとで造船を開始した。この艦隊建造に貢献したのが、アテナイ人コノン（前四四四以前～前三九三頃）だった。

当時、コノンはキプロスのエウアゴラス王（前四三五頃〜前三七四）のもとに亡命していた。アテナイの名門出のコノンは、ペロポネソス戦争末期の前四〇六ないし前四〇五年とその翌年に将軍に選出されたが、前四〇五年にアイゴスポタモイの海戦でアテナイの敗北が決定的とみると、八隻の艦隊を率いてキプロスに亡命してしまったのであった。以後の彼はキプロスに在住し、そこで資産を築き、アテナイから家族も呼び寄せていたらしい。つまり、コノンはペロポネソス戦争でのアテナイの降伏とその後の三十人寡頭政権成立、それに続く内戦、そして民主派の勝利による前四〇三年秋の民主政復活、というアテナイの激動の渦中には身をおいていなかった。そのコノンにペルシアは目をつけたのである。

ペルシアは海軍増強に努めるだけではなく、ギリシア世界における力関係を変えようと、ひそかに使節を派遣して、テバイ、コリントス、アルゴスにスパルタへの出兵を条件に資金提供をおこなった。すでに、スパルタとテバイの関係は極度に悪化していたが、テバイはアテナイにも対スパルタ戦争への参加を促し、アテナイ民会はテバイ支援を決議する。こうして、アテナイは前三九五年に始まったコリントス戦争に参戦し、テバイ、コリントス、アルゴスとともにスパルタに対して戦うことになった。

前三九四年夏のクニドス沖の海戦は、コノンが指揮するペルシア海軍がスパルタ海軍に勝利した戦闘であった。戦勝したコノンは、アテナイに華々しい帰還を遂げる。ペルシア王の潤沢な資金を持参したコノンの帰国によって、アテナイの城壁再建工事は活発になる。ペロポネソス戦争の敗戦で全面的な解体を余儀なくされた城壁の再建は、アテナイの復興を視覚的に確信させる出来事だった。軍船の建造も始まって、ほぼ壊滅状態だったアテナイ海軍も蘇生した。その後コノンは、ペルシア王アルタクセルクセス二世（在位前四〇五／四～前三五九／八）の資金でアテナイの国力増強をはかったことで王の逆鱗《げきりん》に触れ、サルデイスに召還され、死刑になったとも、あるいは、サルデイスからキプロスに戻り、そこで死亡したともいわれる。

コリントス戦争は、コリントス地峡を主要な戦場として続けられたが、当事者双方ににらみ合いのなか膠着《こうちゃく》状態に陥り、前三八六年にペルシア王の介入のもとに和平条約が締結される。小アジアのギリシア諸ポリスは再びペルシアの支配に服し、他のギリシア諸ポリスは独立を保証されるという条件での終戦であった。これがいわゆる「大王の平和」（大王の和約ともいう）である。「大王の平和」以降のアテナイを隆盛に導く政治家として活躍したのは、コノンの息子ティモテオス（前四〇五以前～前三五五以後）であった。ペロポネソス戦争で活躍した市民たちはすでに亡くなり、前三九〇年代末には世代交代が完了していた。

話をトゥキュディデスの史書続編執筆をおこなった三人に戻そう。クセノフォン以外の二人は、前三九四年で続編を終えている。クニドス沖の海戦をアテナイの復活の予兆と受け止めたからであろう。三人のいずれもが、コノンとその息子ティモテオスの活躍ぶりとアテナ

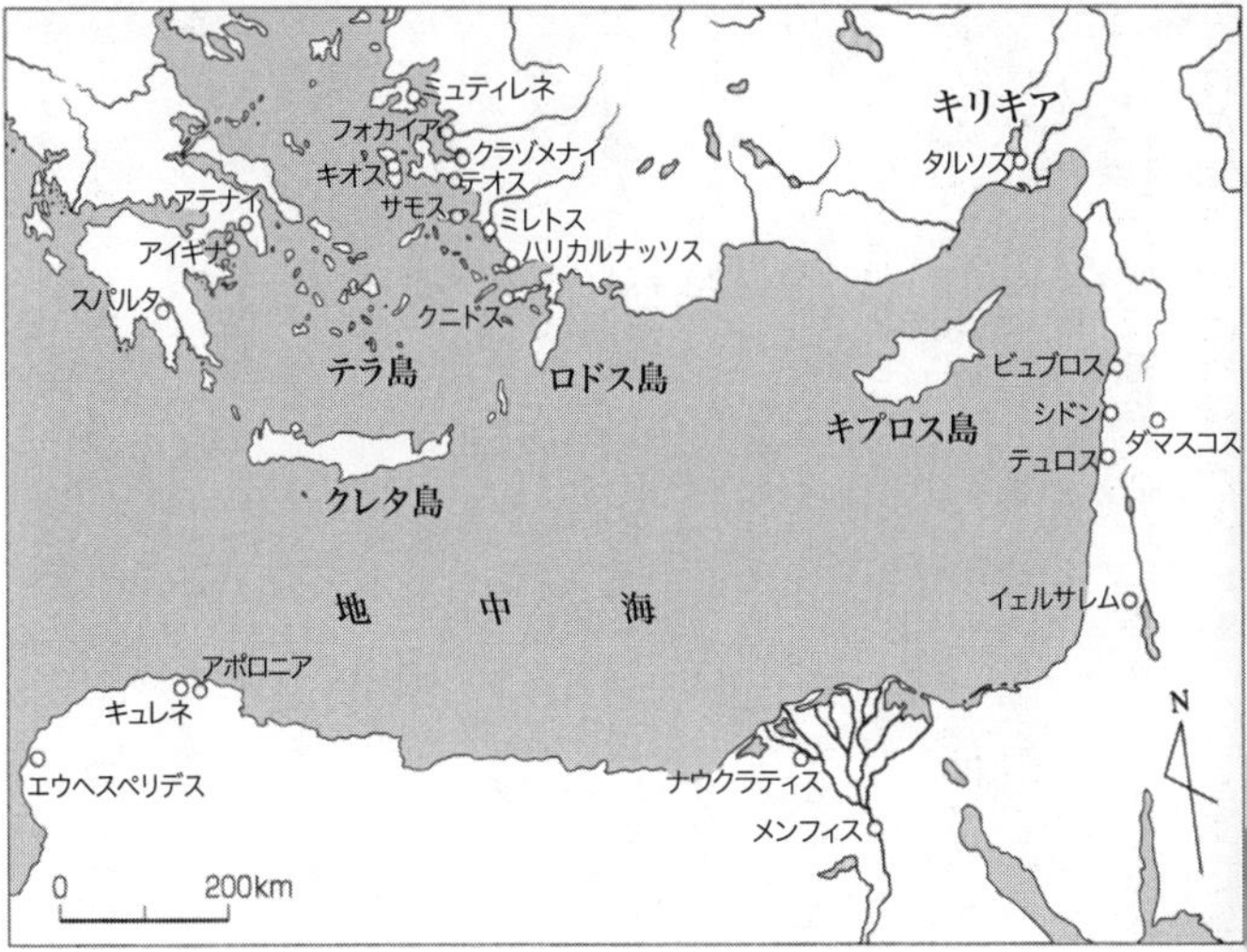

地中海東部

イの復興について直接であれ間接であれ見知っていたはずだ。ただし、クセノフォンはトゥキュディデスの死後ほどなくして続編の執筆を始めたため、前四〇〇年以後のアテナイを知らないで没したトゥキュディデスと同様に、アイゴスポタモイの敗戦を画期とみなし、前四〇四年のペロポネソス戦争の敗戦までを続編として書き進めたのに対し、他の二人は前四世紀の半ばかそのあとに執筆を始めたため、前三九四年まで擱筆《かくひつ》の時期を下げたとみられている。しかし、そのクセノフォンも、第五巻一章三五ではアテナイが前四〇四年にスパルタの和平条件を受け入れて城壁を解体してからも戦争は続き、前三八六年に「大王の平和」が成立してはじめてギリシア世界に平和が到来した、とトゥキュディデスとは別様の認識を示している。

歴史学の誕生

トゥキュディデスの未完の作品を書き継いだ作者が少なくとも三人いたことは、第一章で述べたように、前四世紀はヘロドトスとトゥキュディデスのあとを追う多数の歴史家が輩出した時代だったことを裏づけている。ヘロドトスやトゥキュディデスは、叙述を始める際にその執筆意図をマニフェストとして表明したが、歴史叙述はそのように身構えなくても、手がけられる営みとなっていたのだろう。それはすなわち、過去の出来事を記録する行為が、知識人の活動の一つの形式として成立していたことを意味している。そのうえ、一つのジャンルとして成立した歴史叙述は、ヘロドトスの、今でいえば学際的な対象把握と、トゥキュディデスの心がけた厳密な史料批判を方法として継承し、歴史学を形成し始めていた。ただし、この前四世紀における歴史学の成立を論証するには、より詳細な研究が必要で、それは今後の課題として残っている。

さて、本書の主役、ヘロドトスとトゥキュディデスに戻ろう。二人は文学と歴史が未分化で混沌とした時代にあって、歴史叙述の成立に貢献し、次の世代における歴史学の誕生を準備した。トゥキュディデスがヘロドトスを批判したというのは、考えてみれば当然のことで、それは、先輩を乗り越える後輩の苦闘だった。その苦闘をとおして、トゥキュディデスは近代歴史学に通じる史料論を築き上げたのだ。やはり、トゥキュディデスはヘロドトスにオマージュを捧げていた。それでこそ、天才二人の邂逅《かいこう》だった。

歴史学者は史料を手掛りに研究対象の時代を、そしてその社会を再構成する。史料が歪曲されていたり虚偽を含んだものであるならば、歪んだ、あるいは虚偽の歴史像しか描けない。そうであるから、まず何よりも史料を精査し、そこに歪曲や虚偽があるならば、それがどのような種類のものか、何に起因するものか（たとえば作者の偏見、利害、あるいは、作者のおかれた立場の限界など）突き止める必要がある。これがすなわち史料批判である。

近代歴史学の祖との誉れ高いドイツの歴史家ランケ（一七九五～一八八六）は、史料批判を厳密にすることを重視し、その作業をへたのちの信憑《しんぴょう》性の高い第一次史料に依拠すれば、史実について「それが本来どのようであったか」（Wie es eigentlich gewesen）が明らかになる、と説いた。もちろん、今の私たちはランケの見解にそのまま頷くほどに無邪気ではいられない。しかし、ランケの主張は、自分のもとに伝えられた事柄を慎重に吟味《ぎんみ》してから事実とみなしうることだけを記述するという立場を鮮明にした、トゥキュディデスを髣髴《ほうふつ》させる。

事実、ランケはトゥキュディデスを主題とする卒業論文をライプツィヒ大学に提出している。ただし、ランケの卒業論文は、歴史学ではなくて、トゥキュディデスの文献学的研究であった。ランケが歴史学を志すには、大学を出て奉職したギムナジウムで古代文学史の講義を担当するという契機が必要だった。古代の著作を扱う際にその著者と彼が生きた時代をも取り扱う必要を痛感し、古代の歴史家へと関心が向いていったという。彼は当時流行していたウォルター・スコットのロマン的歴史小説の魅力を認めながらも、「歴史的に伝承されたものは浪漫的虚構よりもより美しくすくなくとも興味あるものである事を確信」（『ランケ自伝』林健太郎訳）するにいたった。そのおりのランケの指針はトゥキュディデスであった。トゥキュディデスの「きわめて細かい事実を描く場合でも特殊なものをはるかに超越し偉大な見解を開示する」叙述が、ランケに喜びを与えたのである。

トゥキュディデスの作品には、近代歴史学の史料批判を先取りしたかのような、実証的歴史学の特徴が見出せる。もちろんランケは、ヘロドトスをも理解し、共感を寄せた。ヘロドトスの書に特徴的な「無限の世界把握」を、ランケはすでに見抜いていたのである（『ランケ自伝』五七頁）。そして、二十世紀も閉幕間近となり、歴史法則主義の「瓦解」と社会史の開かれた可能性を前にして、歴史学は再生の道を探らなければならなくなった。このような状況のもと、ランケを批判的に継承してきた実証的歴史学が、歴史法則主義の罠に陥ることなく歴史の全体像を描こうとする際に、ヘロドトスの手法は一つのモデルとして注目を集めることになった。ヘロドトスは華々しく復権したのである。

二十一世紀が開幕した現在、歴史学の課題は、国民国家がいまだ基本的枠組みである歴史学から、トランスナショナルな歴史学へと一歩足を踏み出す必要に迫られている。ギリシア世界のなかに留まって骨太のペロポネソス戦争の歴史を叙述したトゥキュディデスと、軽々と飛翔《ひしょう》するかのように東地中海世界のあちこちを訪れながら、自己と他者のアイデンティティを探索しつつペルシア戦争を叙述したヘロドトス。二人の天才歴史家に再び教えを請う時が到来しているのかもしれない。

あとがき

ヘロドトスとトゥキュディデスは、長らくお付合いしてきた偉大なる先達《せんだつ》たちです。でも当初は、彼らを貴重な情報を提供してくれる優《すぐ》れた歴史家としてみていたにすぎなかったように思います。しかし、それはまったくの私の不明である、と気づきました。彼らの作品を必要に応じて読み返すうちに、時代のなかで創造の苦しみと喜びを糧に著作を続けた両者の姿がみえるようになったからです。ヘロドトスの読みやすいギリシア語も、トゥキュディデスの難解晦渋《かいじゅう》なギリシア語も、それぞれ必然であったと納得できます。

本書成立はいくつかの契機をへて実現しました。最初の契機は、一九九九年に国際基督教大学の公開講座「古代ギリシア文学への招待」でヘロドトスとトゥキュディデスについて話すようお誘いを受けて、「ヘロドトスとトゥキュディデス――歴史叙述の誕生」というテーマの話をしたときです。この講義で市民の方々や主催者の川島重成国際基督教大学教授（当時）との議論をとおして文学と歴史の違いについて自分なりに思考を深めることができましたし、ヘロドトスは、歴史というジャンルがいまだ存在していない時代に著述活動をしていたこともそこで指摘しました。同年秋には東洋大学白山史学会でも同テーマで公開講演をする機会をいただき、歴史学の観点から思考をさらに続けることができました。なお、国際基督教大学の公開講座は、二〇〇三年四月に三陸書房から川島重成・高田康成編『ムーサよ、語れ——古代ギリシア文学への招待』として刊行されました。活字になったのは遅れましたが、内容は公開講座でおこなった講義とその後の議論で啓発を受けて手直しをしたものです。

なお、ヘロドトスに歴史家という自己認識がなかったことについては、本文中でも紹介したロザリン・トーマスが二〇〇〇年に刊行した優れた著書『コンテクストのなかのヘロドトス』のなかで繰り返し念を押しています。同書を読んだときに、この点についておおいに共感を覚えましたが、ただし、本書での主題は、彼女の見解に従って成り立ったのではなく、私自身すでにそのような見方を一九九九年に提示していることを、お断りしておきたいと思います。

本書成立の二つ目の契機は、一九九九年から三年間、東京大学文学部歴史文化学科に進学予定の二年生のために教養学部で史学概論の講義を担当したときでした。十月から半年間の講義でしたが、そして、ヘロドトスとトゥキュディデスについては最初の三、四回の講義で取り上げただけで、残りはもっぱら近代歴史学について講義しましたが、自分なりに古代の二人の歴史家と近代歴史学との関係を考え直すよい機会となりました。

そして三つ目の契機は、二〇〇四年五月に東京大学公開講座を担当するように促され、その共通テーマが「はじまり」であったので、「歴史学の始まり」という題目で講義を担当したときでした。すでに二つの契機のおかげであれこれ考えておりましたので、「歴史叙述の始まり」ではなくて、「歴史学の始まり」とすることができました。そのとき、本書執筆の強い意欲が生まれました。ヘロドトスとトゥキュディデスという二人の先輩に、自分なりのオマージュを捧げたいと考えたからです。その願いを聞き入れてくださった山川出版社に心からお礼申し上げます。

本年三月三十一日に私は東京大学大学院人文社会系研究科を定年退職しました。本書は、ささやかながら、東京大学での、また、それに先立つ東京学芸大学での教育研究活動の成果の一部です。両大学奉職中にお世話になった方々、さまざまな議論を通じて切磋琢磨《せっさたくま》の機会を与えてくださった同僚の方々、そして学生、院生の皆さんには心からお礼を申し上げます。できれば退職の日までに本書を世に送り出したいと思っていましたが、退職直前の数ヵ月は予想以上に多用であったため、二ヵ月遅れの五月刊行となりました。いろいろな方にご迷惑をおかけしてしまいました。とくに、さまざまな点でわがままを聞き入れてくださった出版社には、深く感謝とお詫びを申し上げます。

桜井万里子

二〇〇六年四月二十三日

学術文庫版のための補足――二人の歴史家とアテナイ民主政

本書の主人公であるヘロドトスとトゥキュディデスはともに最盛期のアテナイにおいて、ヘロドトスは短期滞在の外国人として、アテナイ生まれのトゥキュディデスは市民として、その民主政を身をもって経験した。それぞれに感じるところがあったのだろうが、両者ともに民主政を肯定する姿勢を鮮明にしている。

ヘロドトスと民主政

アテナイ人が前五一一／〇年に僭主政を倒壊させた後に、近隣諸国の侵攻に対し大勝したことについて、ヘロドトスは勝利を決定したのは、市民のそれぞれが自由になって、自分自身のために行動する意欲を燃やしたからだったと説明し、僭主政から解放されたことによってアテナイは強国となった、と第五巻七八章において力説している。民主政が人々に及ぼす潜在的な力を賞賛しているのである。

また、第三巻八〇章～八三章には、政体に関する議論を語る有名な個所がある。論争の背景にあったのは、アケメネス朝ペルシア第二代の王カンビュセスの不慮の死（前五二二年）

に乗じたマゴス（聖職者）たちによる政権奪取の動きだった。このクーデタを失敗に終わらせたペルシア帝国の有力者たち、オタネスやダレイオスら七名は、以後どのような政体を敷くことが望ましいか議論した、とヘロドトスは伝える。

まず、長老オタネスは、民主政を提唱する。独裁者は傲慢になって悪徳政治を行うが、民衆による政治、すなわち民主政はそのような悪徳とは無縁で、政治は民意に従って行われる、と説明した。次にメガビュゾスなる長老は、優れた者たちによる寡頭政を推したが、最後にダレイオスは、もっとも優れた一人の人物による独裁政こそが父祖伝来の伝統に従う最高の政体であると、自説を述べた。七名のうちの残り四名がダレイオスに賛成したため、独裁政が選択され、最終的にダレイオスが王位に就いたのだった。

この「政体論争」が実際に存在したか否かについて、つまりその史実性については、長いこと史実ではないとされてきた。しかし、最近の半世紀のあいだには、ギリシア風の潤色は加えられていたにしても、政体論争は史実だったとみなす研究者が増えてきている（例えば、Ostwald, *Nomos and the Beginnings of the Athenian Democracy*, 1969, pp.178－180）。日本では藤縄謙三が、大著『歴史の父 ヘロドトス』のなかでこの論争を紹介している（八二～八四頁）。

ヘロドトス本人も、「ギリシア人のなかには議論の中身は信じがたいとする者もいるが、実際に議論はあったのだ」、と述べている。この言葉は、当時のギリシア人のなかにこの議論の実在について疑う者がいたことを示している。ペルシア人が民主政を論じるなどあり得ない、と受け取る人々がギリシア人のなかにいたのだろう。

第六巻四三章でも、ヘロドトスは同様の趣旨の言葉を残している。ペルシア王となったダレイオスがギリシア本土への攻撃を計画すると、側近マルドニオスはイオニアに赴き、前四九二年にイオニアのギリシア諸ポリスから独裁者を掃討し、各ポリスに民主政を導入した、という記述がある。そこでも、「オタネスがペルシアに民主政の導入を提案したことを信じようとしないギリシア人には信じ難いだろうが」と、ヘロドトスは述べている。前掲の第三巻八〇章の記述と、いま触れた第六巻四三章の記述に注目し、このようにヘロドトスが繰り返し述べていることについて、その意味を問うべきであろう。彼の真意を汲み取りたいと思う。

ヘロドトスは、ギリシア人のあいだに流布していたペルシア人に対する優越感について懸念を抱いていた、それが彼の真意だったとみなすことができよう。彼の『歴史』は前四二〇年代半ば頃に執筆されたとする見方が有力だが、この頃までにはペルシア人に対する蔑視はアテナイ社会には広く浸透していたらしい。それを具体的に見てみよう。

アテナイは前四九〇年と前四八〇〜七九年の二度にわたるペルシア軍のギリシア本土侵攻を撃退した後、デロス同盟を結成し、その盟主となり、以後破竹の勢いで大国化への道を突き進む。ヘロドトスは、その繁栄のアテナイに滞在していたので、大ディオニュシア祭での悲劇の競演にも幾度となく立ち会ったことだろう。

現存最古の悲劇は、アイスキュロス作『ペルサイ』（前四七二年上演）だが、この悲劇では、ペルシア軍敗戦の知らせをスサの王宮で受けとった、クセルクセスの母アトッサ（ダレイオスの妻）を始めとするペルシア人の嘆きと憂慮が描かれているが、ここにはペルシア人に対するギリシア人の側の蔑視の感情を見出すことはできない。

ところが、それから約六五年後の前四〇五年に上演されたエウリピデスの遺作『アウリスのイフィゲネイア』では、トロイア遠征に出立するギリシア連合軍の総大将アガメムノン王の娘であるイフィゲネイアが、ペルシア人について次のように語っている。

ギリシア人がバルバロイを支配することはあっても、バルバロイがギリシアを支配することはなりません。なぜなら、むこうは奴隷、こちらは自由人なのです。（一四〇〇～一四〇一行。なお、本書六〇頁参照）

バルバロイ（単数はバルバロス）とは、元来は「バルバルと意味不明の言葉を話す人々」という意味にすぎなかった。その言葉が蔑視の感情を帯びるようになったのは、ペルシア戦争でギリシア側が勝利したことが契機となってのことだったらしい。上に引用したエウリピデスの悲劇では、ペルシア人に対する蔑視の感情があからさまに語られている。前五世紀の初頭と世紀末との間に変化が生じて、アテナイ人のあいだにペルシア人蔑視の傾向が強くなっていったことが、このイフィゲネイアの科白から窺われる。ヘロドトスはアテナイ人のあいだに醸成されたこの傾向を体感し、それへの懸念を抱いたのではないだろうか。それが、前述の、政体論争で民主政が言及されたことについて、「ギリシア人には信じ難いだろうが」との懸念の表明につながったとみられる。ヘロドトスはこの様な懸念を表明することによって、アテナイ人の異民族蔑視という傾向に対し警告を発したのだろう。

これまであまり注目されてこなかったヘロドトスのこの言葉にこだわったのは、私だけではなかった。すでに、イタリアの碩学アシェリは、ヘロドトス『歴史』の最新注釈書D. Asheri, A.Lloyd, A.Corcella, O.Murray and A.Moreno (eds.), *A Commentary on Herodotus Books I-IV*, Oxford, 2007 の中の第三巻の注釈で、「異民族《バルバロイ》に関するギリシア人の誤った偏見に対する批判」がヘロドトスにあったことを指摘している（四七三頁）。ギリシアのなかの先進の地、イオニアに生まれたヘロドトスは、ギリシア人に対する「教育者」であろうとしていたのだろう。

トゥキュディデスの民主政

他方のトゥキュディデス『歴史』には、最盛期アテナイを率いた政治家ペリクレスの口を借りて民主政礼讃の弁が朗々と語られる。ペリクレスは、ペルシア戦争で活躍した将軍クサンティッポスを父とし、クレイステネスの姪アガリステを母とする、まさにアテナイの名門中の名門アルクマイオニダイ家の血を引く政治家だった。前述の悲劇、アイスキュロス作『ペルサイ』上演に際して、ペリクレスはコレゴスを務めた。この悲劇は前四七二年の上演なので、ペリクレスは政治家としてのキャリアを始めたばかりの二二歳か二三歳でコレゴスとなったことになる。コレゴスとは、悲劇のコロス（合唱隊）を監督し、悲劇全体を上演にまでこぎつけるように資金を提供し、役者たち出演者の世話もやく、現在の演劇の世界に例えれば、プロデューサーのような役割を果たす存在だった。それは、富裕者が名誉として引き受ける公共奉仕《レイトゥルギア》と呼ばれる民主政アテナイに独自の制度の一つだった。

他方の大悲劇作者アイスキュロスの生年は、前五二五／四年頃で、『ペルサイ』上演時に彼は五十代半ばであった。両者は『ペルサイ』上演に当って、優勝を目指してどのような演出にするか、話し合ったに違いない。若年ながらコレゴスの役目を立派に果たすことで、華々しく政界に打って出たペリクレスの、その後の活躍ぶりを予測させるものであった。

それから一〇年後の前四六二年にペリクレスは同じく名門出のエフィアルテスを助けて民主政の改革に参画し、政治指導者としての地歩を固めていき、前五世紀半ばにはアテナイを代表する政治家へと上り詰めた。

さて、トゥキュディデスの民主政礼讃は、ペロポネソス戦争の第一年目が終った前四三一年から前四三〇年にかけての冬に、その年の戦死者のために挙行された国葬において、ペリクレスが市民たちを前にして語りかけた演説という形式をとっている。有名なこの演説の一部を以下に引用しよう。

われらの政体は他国の制度を追従するものではない。ひとの理想を追うのではなく、ひとをしてわが範を習わしめるものである。その名は、少数者の独占を排し多数者の公平を守ることを旨として、民主政治と呼ばれる。……また、戦の訓練に眼をうつせば、われらは次の点において敵側よりもすぐれている。先ず、われらは何人にたいしてもポリスを開放し、決して遠つ国の人々を追うたことはなく、学問であれ見物であれ、知識を人に拒んだためしはない。（第二巻三七章、三九章、久保正彰訳）

ほとんど一点の曇りもなく、アテナイの民主政賛美に終始する演説である。これは、トゥキュディデスの民主政に対する思いを、ペリクレスに語らせている、とみなされてきた。だが、注意しなければいけないのは、それが国葬においてアテナイ市民とその家族、とくに戦死者の家族たちの前で演じられた演説だった点である。戦死者の遺族には、夫や父親の死がいかに価値あるものだったのかと思わせ、その他の市民やその家族たちには、アテナイが以後の戦争を戦い抜くだけの価値がある国であると奮い立たせる必要があった。いかなる犠牲を払っても守る価値のあるアテナイ民主政であると思わせる必要があったのである。ペリクレス自身の、そして作者トゥキュディデスの本心から出た賛美だったとは必ずしも言えないのかもしれない。

むしろトゥキュディデス自身の民主政に対する評価に近いのではないか、と近年注目されているのが、シケリア最大のポリスであるシュラクサイにおけるアテナゴラスというシュラクサイ市民の演説（第六巻三九章）である。

前四一五年に始まったシケリア遠征が二年後にアテナイの大敗北に終わったことは、すでに九八頁以下で述べたが、遠征先のシケリアに目を向ければ、その最大のポリスであるシュラクサイでは、アテナイの大遠征軍がシケリアに向かっているという情報を受けて、人々は恐れおののき、その真偽のほどを民会で検討することになった。そのなかで、ヘルモンの子ヘルモクラテスは遠征軍の到来を確信し、迎え撃つ準備をすべきと演説し、次いでアテナゴラスも発言し、準備を怠らなければ、十分に敵勢を撃退することができると、市民たちを鼓舞するとともに、少数市民が寡頭政導入を目論んで不安感を煽っている、と警戒感を露わにした。アテナゴラスは語る。

あえて私は言いたい、第一に民主の民とは国全体の人間を代表するが、貴族政治は一部を代表するものに過ぎない。第二に、国庫の財を守る番人としては有産者にまさるものはないが、しかし協議立案の場においてすぐれたるは知性の人々であり、さらにまた事情を聞き適否を判断する場合には、民衆の知恵にまさるものはない。民主主義はこれらの個々の立場を認めまた全体の中に共存させ、それぞれに平等の権利を与えているのだ。これに反して貴族政治は、危険な仕事には一般民衆をも参加させるが、利益の配分には単に公平を無視するにとどまらず、全部の利益を独占する。（第六巻三九章）

このアテナゴラスの言葉にこそ、トゥキュディデス自身の民主政に対する思いが表れている、とする見方が優勢になっている（例えば、K.A.Raaflaub, 'Thucydides on Democracy and Oligarchy', in *Brill's Companion to Thucydides*）。「民衆の知恵」への信頼をここにみることができる。

このように、最盛期アテナイの社会を経験した二人の歴史家のいずれもが、程度の差はあっても民主政に共感を抱いていたことは、古代ギリシアの民主政を考える際に、一つの有効な指標となるのではないだろうか。

学術文庫版のあとがき

古典を読む

ヘロドトスとトゥキュディデスは、二四〇〇年以上前、日本では弥生時代に相当する時代に、東地中海のエーゲ海周辺に生を受けた。ギリシア語で著述した人類最初の歴史家である。もっとも、当時は未だ歴史というジャンルは存在していなかった（本書1参照）ので、彼らのそれは果敢な、あるいは斬新な活動だったと言えよう。その作品は、それぞれの時代の最高の知性の篩《ふるい》にかけられて読み継がれ、我々の手元に到達した古典であり、懐深い師のように、歴史について多くのことを教えてくれる。

ヘロドトスの『歴史』は、先進のペルシアと後進のギリシアのあいだの戦争でギリシアが勝利したことについて、その意味を探ろうとした。イオニア地方生まれのヘロドトスは、イオニア文化のルーツを探る旅をして、エジプト、ペルシアへの敬意を深めたのだった。ペルシアに対する戦争について叙述する際にも、ペルシアへの敬意を失うことのない彼の姿勢には、心打たれる。

他方のトゥキュディデスは、アテナイに生まれ、育ち、アッティカ悲劇、喜劇を含むアテナイ文化を自身のルーツとして成長した。おそらく彼はその文化のなかで人間存在に対する関心、興味を深めたのだろう。それゆえ、ペロポネソス戦争という前代未聞の戦争を体験して、人間の行動とそれがもたらす結果とを分析し、その力学、構成要素の有機的な関係を解明していく責任を感じたのではないだろうか。二人の残した古典は、読み込むほどに多くのことを教えてくれる。

歴史家の役割

本書最終章の終わりに、私はこう書いている。二十一世紀が開幕した刊行当時の二〇〇六年に、歴史学はその課題として、「国民国家がいまだ基本的枠組みである歴史学から、トランスナショナルな歴史学へと一歩足を踏み出す必要に迫られている」と。何と楽天的だったことか。世界はいまや自己の利益追求と保全のために、分断された状態にあり、先行きが見えない。この現状で歴史学は何ができるのだろうか。

ペロポネソス戦争開戦の翌年の前四三〇年にアテナイで疫病が蔓延し、最終的に収束するまでに住民の三分の一近くの命が失われた。戦争当事国としては勝敗に直結する大きな打撃だったのだが、それに関する本書における記述はわずかにすぎない（本書一一八頁）。今にして思えば、私自身、この本を執筆していた二〇〇六年には、疫病流行を切実な現実の問題とは考えていなかったと認めざるを得ない。二〇二〇年一月に始まった新型コロナ・ウィルスによる感染症の流行は、私たちの日常生活をすっかり変えてしまった。今やパンデミックに対する世の認識も変わった。トゥキュディデスがこの疫病流行をどう描いているか、私も大いに関心を抱くこととなったのである。

トゥキュディデス自身は、明確な危機意識を持ち、この疫病について詳細に論じている。アテナイの指導的政治家ペリクレスは、ペロポネソス戦争開始の前に立てた作戦で、市民たちに市の城壁内に家族や家財を避難させて、国の守りを固くすることを提案し、人々は心ならずもその提案に従った（『歴史』第二巻一三章～一七章）。ところが、市内に家を所有する者や友人、親類のもとに避難できた者は少なくて、大多数の者たちは町の空地や、神域にまで家を建てざるを得なかった。おそらく、バラックのような小屋がアクロポリス周辺に多数建てられたのだろう。市内は過密状態、まさに三密（密集、密接、密閉）の状態となっただろう。しかも上水道はなく、下水道も簡易なものだったので、疫病がたちまちに蔓延したことは想像に難くない。

トゥキュディデス自身も感染した。注目すべきは、トゥキュディデスの観察である。患者たちの病状、彼らに対する周囲の者たちの態度、死体の処理などを詳述する。それは、人類を襲ったパンデミックの詳細な記録として最古のものであろう。トゥキュディデス自身は、「私は病状の経過について記したい。またいつ何時病魔が襲っても、症状の経過さえよく知っていれば誤断をふせぐよすがにもなろうかと思い、自分自身の罹病経験や他の患者の病態を実見したところをまとめて、主たる症状を記したい」（第二巻四八章）、と述べている。歴史家トゥキュディデスの面目躍如、というべきところである。

悲惨極まりない病状の様子や死体の処理などの記述の後に、彼はこう述べる。「一度罹病すれば、再感染しても致命的な病状に陥ることはなかったのである。恢復した者は、人々からその幸運を羨望視され、本人は当座の喜悦に眩惑されて、もう如何なる病気で死ぬことも絶対になかろうなどと、浅はかな希望を抱くものすらあった」（第二巻五一章）。この記述からは、免疫獲得の実態がすでに把握されていたことが知られる。

「教育の人」ヘロドトス

ヘロドトスもまた、歴史家の責務に関連する微弱な信号を我々に送っていることに気付かされる。ペルシアのダレイオス王は、マラトンの戦いの直前にその対岸に位置するエウボイア島の有力ポリス、エレトリアを襲撃し、市民たちを捕虜にした。その後、マラトンで敗戦した後にエレトリア人捕虜たちをペルシアに連行したダレイオスは、彼らを処刑せず、奴隷身分に落しもしなかった。『歴史』第六巻一一九章によれば、ダレイオスは、そのエレトリア人捕虜を王の直轄領に住まわせたという。「彼らは私の時代に至るまで、昔ながらの言語を保持してこの地に住んでいた」、とヘロドトスは述べている。おそらくヘロドトスは実際に彼らに出会ったのだろう。エレトリア人捕虜は、文化的な同化を強制されることなく、ギリシア語を使って定住していたとみられる。

このように、ヘロドトスがペルシアやエジプトを旅行した際に先入見をもつことなく他者の社会と文化に接近し、観察した姿勢は、二十世紀末近くになってアルトーグがヘロドトスについて、他者像を描くことによって翻ってギリシア人のアイデンティティを鮮明なものとした、と指摘したように、オリエント世界とギリシア世界を統一的世界として捉え、共同で研究を進める最近の研究動向に通じる。例えば、一例として周藤芳幸編『古代地中海世界と文化的記憶』(山川出版社、二〇二二)を挙げておこう。

国際関係論とトゥキュディデス

過去の出来事に関して因果関係を解明することは、歴史学の重要な課題の一つである。トゥキュディデスもペロポネソス戦争について、「あえて筆者の考えを述べると、アテナイ人の勢力が拡大し、ラケダイモン人に恐怖をあたえたので、ラケダイモン人は開戦にふみきったのである」、と述べている。しかし、二十世紀の歴史家E・H・カーが、その著書『歴史とは何か』においてトゥキュディデスに対して批判的だったが、その批判が以後の研究状況からみて的を射ていなかったことはすでに述べた(本書一三〇～一三二頁)。最近、カーの同書の新版が近藤和彦による全面新訳として公刊され、反響を得ているが、その新版において訳者はカーのトゥキュディデス評価に関して、拙著に言及し(一四五頁注1)ている。それを受けていま、カーのトゥキュディデス批判について付け加えておこう。カーは、代表作『危機の二十年』において、数ヵ所で古代ギリシアに言及しているが、トゥキュディデスの名はそこに見出せない。カーにとってトゥキュディデスは言及に値しない存在だったのだろう。

だが、カーの専門分野では、古代ギリシアと現代世界の繋がりを感じさせる用語が近年注目を集めている。「トゥキュディデスの罠」という語がそれで、国際政治学や国際関係論の分野で専門用語として重視されているらしい。誤解を避けるため断っておくと、この用語は、トゥキュディデスが罠にかけた、あるいはトゥキュディデスは罠にかけられた、などという意味を含んでいるわけではない。

トゥキュディデスによる、新興国アテナイの勢力が拡大し、それを大国スパルタが脅威と受け取った結果、戦争に踏み切った、という説明に注目したハーヴァード大教授グレアム・アリソンによる造語が、「トゥキュディデスの罠」である。既存の権勢を誇る大国と、若いエネルギーに満ちた新興国との衝突の事例は、歴史上に少なくないという指摘の妥当性についてここで問う必要はあるまい。ペロポネソス戦争の原因についても、先に挙げたトゥキュディデスによるペロポネソス戦争原因論に異論もないわけではない（一三一～一三二頁参照）。そのことを念頭に置いたうえで、この用語の行く末を注視しよう。

今回、講談社学術文庫に収められるに当たり、書名を改め、『歴史学の始まり　ヘロドトスとトゥキュディデス』とした。編集部の助言を受けた結果だが、本書の意図に一致した書名になったと思う。なお、編集担当の梶慎一郎氏には大変お世話になった。篤くお礼を申し上げる。

二〇二三年　二月二十八日

桜井万里子

参考文献

アリストテレス、村川堅太郎訳『アテナイ人の国制』岩波文庫　一九八〇

アリストテレス、山本光雄訳『政治学』岩波文庫　一九六一

アリストテレース・ホラーティウス、松本仁助・岡道男訳『アリストテレース詩学／ホラーティウス詩論』岩波文庫　一九九七

アンティポン、アンドキデス、高畠純夫訳『弁論集』京都大学学術出版会　二〇〇二

キケロー、岡道男訳『法律について』（キケロー選集8　哲学I）岩波書店　一九九九

クセノポン、根本英世訳『ギリシア史』I・II　京都大学学術出版会　一九九八・九九

ディオゲネス・ラエルティオス、加来彰俊訳『ギリシア哲学者列伝』（上・中・下）岩波文庫　一九八四〜九四

トゥーキュディデース、久保正彰訳『戦史』（上・中・下）岩波文庫　一九六六〜六七

トゥキュディデス、藤縄謙三訳『歴史』1　京都大学学術出版会　二〇〇〇

トゥキュディデス、城江良和訳『歴史』2　京都大学学術出版会　二〇〇三

パウサニアス、馬場恵二訳『ギリシア案内記』（上・下）岩波文庫　一九九一・九二

プルタルコス、村川堅太郎訳「ソロン伝」村川堅太郎編『プルタルコス英雄伝』（上・中・下）ちくま学芸文庫　一九九六

ヘロドトス、松平千秋訳『歴史』（上・中・下）岩波文庫　一九七一〜七二

ホメロス、松平千秋訳『イリアス』（上・下）岩波文庫　一九九二

ホメロス、松平千秋訳『オデュッセイア』（上・下）岩波文庫　一九九四

リュシアス、細井敦子・桜井万里子・安部素子訳『弁論集』京都大学学術出版会　二〇〇一

内山勝利編『ソクラテス以前哲学者断片集』全六巻　岩波書店　一九九六〜九八

今裕訳編『ヒポクラテス全集』岩波書店　一九三一（名著刊行会　一九七八）

松平千秋・久保正彰・岡道男編『ギリシア悲劇全集』全一四巻　岩波書店　一九九〇〜九三

C. Hude (ed.), *Herodoti Historiae*, Oxford Classical Texts, Vol.I, II, 3rd ed., 1927.

H. S. Jones and J. E. Powell (eds.), *Thucydidis Historiae*, Oxford Classical Texts, Vol.I, 1st ed., 1900. Vol.II, 2nd ed. 1902.

P. R. Mckechnie and S. J. Kern (eds.), *Hellenica Oxyrhynchia*, Warminster, 1988.

R. Meiggs and D. Lewis, *A Selection of Greek Historical Inscriptions to the End of the Fifth Century B. C.*, Oxford, 1969.

W. D. Ross (ed.), *Aristotelis Politica*, Oxford Classical Texts, 1957.

久保正彰「第二部第二章　内乱の思想——『戦史』三・八二—八四について」『ギリシァ・ラテン文学研究——叙述技法を中心に』岩波書店　一九九二

桜井万里子『古代ギリシアの女たち』中公新書　一九九二

桜井万里子「前五世紀アテナイの市民とメトイコイ——政治モラルのダブル・スタンダード」『東京学芸大学紀要』第三部門第四五集　一九九四

桜井万里子『古代ギリシア社会史研究——宗教・女性・他者』岩波書店　一九九六

桜井万里子「ヘロドトスとトゥキュディデス——歴史叙述の誕生」川島重成・高田康成編『ムーサよ、語れ——古代ギリシア文学への招待』三陸書房　二〇〇三

橋場弦『アテナイ公職者弾劾制度の研究』東京大学出版会　一九九三

馬場恵二『ペルシア戦争——自由のための戦い』教育社歴史新書　一九八二

廣川洋一『ソクラテス以前の哲学者』講談社学術文庫　一九九七

藤縄謙三『ギリシア文化の創造者たち——社会史的考察』筑摩書房　一九八五
藤縄謙三『歴史の父 ヘロドトス』新潮社　一九八九
村川堅太郎「歴史叙述の誕生」『世界の名著』第五巻　中央公論社　一九七〇（『村川堅太郎古代史論集』II 岩波書店　一九八七）

E・H・カー、清水幾太郎訳『歴史とは何か』岩波新書　一九六二
F・M・コーンフォード、大沼忠弘・左近司祥子訳『トゥーキューディデース——神話的歴史家』みすず書房　一九七〇
K・ポランニー、玉野井芳郎他訳『人間の経済』（上・下）岩波書店　一九八〇
ランケ、林健太郎訳『ランケ自伝』岩波文庫　一九六六
ランケ、村岡哲訳『世界史の流れ』ちくま学芸文庫　一九九八
W. Blösel, *Themistokles bei Herodot: Spiegel Athens im fünften Jahrhundert*, Stuttgart, 2004.
D. Fehling, *Die Quellenangaben bei Herodot*, Berlin and New York, 1971 (*Herodotus and his 'Sources': Citation, Invention and Narrative Art*, tr. by J. G. Howie, Leeds, 1989).
M. I. Finley, *Ancient Economy, Updated with a new foreword by Ian Morris*, Berkeley, Los Angels and London, 1999.
R. L. Fowler, 'Herodotus and his Contemporaries', *JHS* 116 (1996), 62-87.
C. Habicht, 'Falsche Urkunden zur Geschichte Athens in Zeitalter der Perserkriege', *Hermes* LXXXIX (1961), 1-35.
M. H. Hansen and T. H. Nielsen, *An Inventory of Archaic and Classical Poleis: An Investigation Conducted by the Copenhagen Polis Centre for the Danish National Research Foundation*, Oxford, 2004 (Copenhagen, 2005).

F. Hartog, *Le Miroir d'Hérodote: Essai sur la représentation de l'autre*, Paris, 1980 (*The Mirror of Herodotus: The Representation of the Other in the Writing of History*, tr. by J. Lloyd, Berkeley, 1988 (Princeton, 1988).

G. Herman, *Ritualised Friendship and the Greek City*, Cambridge, 1987.

S. Hornblower, 'Thucydides' use of Herodotus', in J. M. Sanders (ed.), *ΦΙΛΟΛΑΚΩΝ: Lakonian Studies in Honour of Hector Catling*, London, 1992, 141-154.

F. Jacoby, 'Herodotos', *R-E, Suppl.* II.

F. Jacoby, *Atthis: the Local Chronicles of Ancient Athens* (Arno Press), 1949 (1973).

G. E. R. Lloyd, *Magic, Reason and Experience: Studies in the Origin and Development of Greek Science*, Cambridge and New York, 1979.

A. Momigliano, 'The Place of Herodotus in the History of Historiography', in *Studies in Historiography*, London, 1966 (1969).

O. Murray, *Sympotica: A Symposium on the Symposion*, Oxford, 1990.

W. K. Pritchett, *The Liar School of Herodotos*, Amsterdam, 1993.

P. J. Rhodes, *A History of the Classical Greek World 478-322 B.C.* Oxford, 2006.

T. Rood, 'Thucydides' Persian Wars', in C. S. Kraus (ed.), *The Limits of Historiography: Genre and Narrative in Ancient Historical Texts*, Leiden, 1999, 141-168.

T. Rood, 'Xenophon and Diodorus: Continyuing Thcydides', in C. Tuplin (ed.), *Xenophon and his World: Papers from a Conference Held in Liverpool in July 1999*, Stuttgart, 2004, 341-390.

R. Thomas, *Herodotus in Context: Ethnography, Science and the Art or Persuasion*, Cambridge, 2000.

A. Tsakmakis, *Thukydides über die Vergangenheit*, Tübingen, 1995.

●学術文庫版の追加（「補足」執筆にあたっての参考文献）

クテシアス、阿部拓児訳『ペルシア史／インド誌』京都大学学術出版会　二〇一九
トゥキュディデス、久保正彰訳『戦史』中公クラシックス　中央公論新社　二〇一三
パウサニアス、周藤芳幸訳『ギリシア案内記2　ラコニア／メッセニア』京都大学学術出版会　二〇二〇

阿部拓児『ペルシア帝国と小アジア――ヘレニズム以前の社会と文化』京都大学学術出版会　二〇一五
丹下和彦『ギリシア悲劇入門』未知谷　二〇二一
E・H・カー、近藤和彦訳『歴史とは何か　新版』岩波書店　二〇二二
橋場弦『古代ギリシアの民主政』岩波新書　二〇二二

K.Harloe and N.Morley (eds.), *Thucydides and the Modern World*, Cambridge, 2012.
M.Ostwald, *Nomos and the Beginnings of the Athenian Democracy*, Oxford, 1969.
K.A.Raaflaub, 'Thucydides on Democracy and Oligarchy', in *Brill's Companion to Thucydides*, 189-222.
A.Rengakos & A.Tsakmakis (eds.), *Brill's Companion to Thucydides*, in two volumes, Leiden/Boston, 2012.

図版出典一覧

J. Boardman, *Athenian Red Figure Vases, the Archaiperiod*, London, Thames and Hudson, 1975, pl.364.〔本書一〇九頁〕

P. Cartledge, *The Greeks: Crucible of Civilization*, London, BBC, 2001, pp. 25, 42, 59, 83, 121, 155, pls. 7, 12, 16.〔本書一六頁右・左、三二頁下、五一頁上・下、六八頁下、六九頁上・下、九二頁〕

D. G. Davaris, *Samos: the Island of Pythagoras*, tr. by M. Heath, Athens, Michalis Toubis, 1995, pp. 106-107, 114.〔本書三二上、三三頁〕

A. Johnston, *The Emergence of Greece, The Making of the Past*, Oxford, Elsevier-Phaidon, 1976, pp. 68, 82, 110.〔本書三五頁上、七七頁下、一〇〇頁〕

S. Lewis, *The Athenian Woman: an Iconographic Handbook*, London and New York, Routledge, 2002, pp. 30, 108.〔本書一一五頁上・下〕

R. Morkot, *The Penguin Historical Atlas of Ancient Greece*, London, Penguin, 1996, p. 65.〔本書一二二頁〕

J. M. Robert, *Eastern Asia and Classical Greece, the Illustrated History of the World vol. 2*, New York, Oxford University Press, 1999, pp. 103, 107, 112, 113, 132.〔本書三五頁下、七一頁下、七七頁上、九三頁下、一二一頁下〕

I. Touratsoglou et al., *The Greek Script*, tr. by A. Doumas, Athens, Hellenic Ministry of Culture, 2001, p. 77.〔本書一三九頁〕

Morkot, *The Penguin Historical Atlas of Ancient Greece*, pp. 23, 53, 74, 76, 77, 81, 82, 99 より著者作成〔本書一七・四九・五七頁、六八頁上、七四頁、一〇一頁、一二一頁上、一四三頁〕

Robert, *Eastern Asia and Classical Greece*, p. 111 より著者作成〔本書一三三頁〕

トゥーキュディデース、久保正彰訳『戦史』上　岩波文庫　一九六六　七六頁より著者作成［本書五九頁］
著者作成［七一頁上、九三頁上］

本書は、二〇〇六年に山川出版社より刊行された『ヘロドトスとトゥキュディデス――歴史学の始まり』を、文庫化にあたり加筆し、改題したものです。

桜井万里子（さくらい　まりこ）

1943年生まれ。東京大学大学院人文科学研究科修士課程修了，博士（文学）。東京大学大学院人文社会系研究科教授を経て，現在，東京大学名誉教授。おもな著書に『古代ギリシアの女たち』『古代ギリシア社会史研究――宗教・女性・他者』『ソクラテスの隣人たち』，編著に『新版世界各国史17　ギリシア史』，共著に『世界の歴史5　ギリシアとローマ』『集中講義！　ギリシア・ローマ』など。

講談社学術文庫

定価はカバーに表示してあります。

歴史学《れきしがく》の始《はじ》まり

ヘロドトスとトゥキュディデス

桜井《さくらい》万里子《まりこ》

2023年4月11日　第1刷発行
2023年8月2日　第2刷発行

発行者　鈴木章一
発行所　株式会社講談社
東京都文京区音羽2-12-21 〒112-8001
電話　編集（03）5395-3512
販売（03）5395-4415
業務（03）5395-3615
装　幀　蟹江征治
印　刷　株式会社ＫＰＳプロダクツ
製　本　株式会社国宝社
本文データ制作　講談社デジタル製作

ISBN978-4-06-531512-5

「講談社学術文庫」の刊行に当たって

これは、学術をポケットに入れることをモットーとして生まれた文庫である。学術は少年の心を養い、成年の心を満たす。その学術がポケットにはいる形で、万人のものになることは、生涯教育をうたう現代の理想である。

こうした考え方は、学術を巨大な城のように見る世間の常識に反するかもしれない。また、一部の人たちからは、学術の権威をおとすものと非難されるかもしれない。しかし、それはいずれも学術の新しい在り方を解しないものといわざるをえない。

学術は、まず魔術への挑戦から始まった。やがて、いわゆる常識をつぎつぎに改めていった。学術の権威は、幾百年、幾千年にわたる、苦しい戦いの成果である。こうしてきずきあげられた城が、一見して近づきがたいものにうつるのは、そのためである。しかし、学術の権威を、その形の上だけで判断してはならない。その生成のあとをかえりみれば、その根は常に人々の生活の中にあった。学術が大きな力たりうるのはそのためであって、生活をはなれた学術は、どこにもない。

開かれた社会といわれる現代にとって、これはまったく自明である。生活と学術との間に、もし距離があるとすれば、何をおいてもこれを埋めねばならない。もしこの距離が形の上の迷信からきているとすれば、その迷信をうち破らねばならぬ。

学術文庫は、内外の迷信を打破し、学術のために新しい天地をひらく意図をもって生まれた。文庫という小さい形と、学術という壮大な城とが、完全に両立するためには、なおいくらかの時を必要とするであろう。しかし、学術をポケットにした社会が、人間の生活にとってより豊かな社会であることは、たしかである。そうした社会の実現のために、文庫の世界に新しいジャンルを加えることができれば幸いである。

一九七六年六月

野間省一